中島重と社会的基督教

暗い谷間を照らした一筋の光芒

倉田和四生［著］

関西学院大学出版会

中島重と社会的基督教

——暗い谷間を照らした一筋の光芒

はしがき

ここで取り上げる中島重に率いられた「社会的基督教徒聯盟」と称する信仰集団が活躍した昭和初期から二十年八月の終戦までは「暗い谷間の時代」と言われる紛争と戦乱の悲惨な時代であった。

（一）　時代的背景――戦争の時代

まず昭和初期の日本は農民の窮乏化が深刻になり労働農民党などの活動が活発化すると共に金融恐慌に見舞われ庶民の生活不安が高まった。そんな時、昭和四年秋にはニューヨーク株式市場において株価の暴落が突発し世界大恐慌が始まった。

次に日本では昭和三年六月には関東軍が張作霖を爆殺したため九月には満州事変がおこり、七年には満州国が建国された。

第三に国内では七年五月に農村の貧困に心を痛めた海軍将兵によってクーデター（五・一五事件）が起こり犬養首相が暗殺された。さらに十年には貴族院の在郷軍人菊池武雄によって天皇機関説を説く美濃部達吉博士が攻撃され辞任に追い込まれた。美濃部博士の愛弟子であった関西学院大学法文学部教授中島重は天皇機関説を本体説に変更するように強要された。さらに十一年二月には陸軍軍人のクーデター（二・二六事件）によって高橋是清蔵相他二名が殺され、鈴木貫太郎も重傷を負った。そしてついに十二年七月七日に日中戦争に突入した。さらに日本軍は日中戦争を終結することも出来ないまま十五年には仏印北部、十六年六月には仏印南部に進駐し、十一月二十六日にはアメリカ国務長官によってハルノートを手交され、遂に十六年十二月八日には太平洋戦争に突入した。

昭和十三年四月一日には、国家の戦争体制を確立するため、「国家総動員令」が施行され一般国民も総力戦体制に組み込まれていく。また十五年九月には「部落会・町内会・市町村常会整備要綱」が訓令され、十二月には大政翼賛会が結成されて一国一党の体制となった。

さらに十八年にはそれまで徴兵猶予されていた文系学生の「学徒出陣」が始まり大学生・旧制高等学校生徒も陸続と戦線に駆り出され、次々と散華していった。

同じ十八年には「勤労動員令」も発令され、中学生・高等女学校生徒まで軍需工場へ動員され全国民が完全に総力戦に組み込まれることとなった。誠に悲惨な戦争の時代であった。

(二)「社会的基督教徒聯盟」の結成と実践

このようにすべての国民が抑圧され逼塞していた時代に関西学院の中島重教授は昭和六年九月「社会的基督教徒聯盟」を結成し、基督教の中でも社会本位の教理を創設して活動を展開した。他の一般の基督教徒は個人主義に囚われ信仰も個人の内的救霊に留まり、社会問題に目をむけることが少なかった。しかし、中島グループの基督教は社会問題の解決に取り組んで貧民を救済して初めて真の宗教たり得るのだと固く信じて実践に努めた。

もっとも、この様な思考と実践は例えばアメリカでは十九世紀中頃から「社会的福音運動」として活動が続けられており、日本でも資本主義の生産活動の弊害が顕在化すると安陪磯雄らのように「基督教社会主義者」が現れ社会問題の救済が声高に主張されるようになった。中島重教授らは軍部の独善的侵略思想と総力戦体制という極度の抑圧の時代に改めて基督教の理想を高く掲げてプロテスタントの革新運動という苦難に満ちた戦いを展開したのである。

この宗団の第一の敵はマルクス主義者であった。中島重が賀川豊彦の大伝道に啓発されて昭和二年に「雲の柱会」という研究会を作ったのはマルクス主義者の運動に対決するためであった。それは当時の日本の若者たちの間にマルクス主義が猛威を振るっていたからである。マルクス主義は社会問題を解決するためには労働者の「階級闘争」によって革命を成功させ社会主義社会を実現する他に道はないと主張した。また宗教はアヘンとして基督教を決定的に批判したから中島教授たちにとってマルクス主義は正面の敵であった。中島教授は幾つかの著書や多くの論文によって果敢に戦った。

次に「社会的基督教」はプロテスタントの内部にも論争の相手、側面の敵があった。それは当時の日本プロテスタント界を席巻していたバルト神学である。バルト神学は神の超越性、神本位を強調し、逆に人間の無能力を説き神の国にも人間の参与を認めようとしない。これに対して社会的基督教は個人の救霊に満足することなく、社会問題の解決の為に努めるべきと主張するから両者は対立することになる。「社会的基督教」ではバルト神学の特集号を組んで大いに論議に努めている。

(三) 学びの途上で邂逅した七人の先達

中島重教授についての学びの途上で筆者は思いがけずすぐれた七人の先達に邂逅した。

まず最初に多元的国家論との関係で高田保馬先生と出会った。高田先生は大正七年から関西学院文科の社会学科の非常勤講師をされ、八年には「社会学の集中講義」をされた方であり、きわめて独創的な理論社会学者であるが、中島教授と高田先生は同じ京都に住み、親しく訪ねあう仲であっただけではなく、学問上でも相互に啓発しあう間柄であった。中島先生が昭和二十一年五月に死去されると高田先生は関西学院新聞に追悼文を寄せている。それには、「中島博士は私にとって学問上の真の同志であった。こういう事情から同博士の死が誠の寂寥の感を深からしめる。その学説の最も特異なる一面として自信をもち、矜持を感じていられたのはその多元的社会観であったろうと思う」と述べている。

この様に「多元的国家論」は二人の独創的思想家を固く結びつけている。

二人目はR・M・マッキーバーとの出会いである。マッキーバーは一九一七年にイギリスで『コミュニティ』を出版して知られるようになったが、後トロント大学、ニューヨークのコロンビア大学で教えた。関西学院文学部社会学科の大道安次郎教授（昭和二年秋から五年三月まで九州大学で高田保馬先生に社会学を学んだ）は昭和二十五年秋から一年間コロンビア大学のマッキーバー教授の膝下に留学し、マンツーマンで教えを受けた。そんなわけで関学社会学科の外書講読のテキストはマッキーバーの著書であった。又筆者はアメリカ留学後、昭和五十年頃から都市コミュニティ論を担当したからマッキーバーのコミュニティはいわば聖書のようなものであった。ここで中島先生によって改めて国家はアソシエーションの一種に過ぎないと言われると、学問研究の原点にたたされたような喜びと厳しさを覚える。

三人目は海老名弾正牧師との出会いである。海老名弾正牧師は熊本バンドのリーダーで明治九年に同志社に編入学して牧師となり、上州安中、熊本、神戸、東京の本郷などの教会で活躍し、大正九年には同志社総長に迎えられ、昭和四年まで務め名総長と呼ばれた。

中島重教授によると海老名牧師は弁舌の人であり、弁舌を聞いて初めて正しく知ることができる人であるという。

又説教や講演で神について語ると海老名牧師は真実神を呼び出し具現化することが出来る稀有な人物であったという。中島教授は海老名牧師から日本のキリスト教のあるべき姿と自由神学の教理を継承している。

四人目にあったのは賀川豊彦である。筆者にとって賀川氏は神戸市新川のスラムに奉仕した聖者ということだけであった。ところが少し調べてみると、法理学者として静かな一人の信者にとどまっていていいのかと苦悩していた中島教授を「社会」に目覚めさせて「雲の柱会」を創らせ「同志社ミッション」へと発展させたのは実に賀川豊彦の伝道の力であったことを知った。賀川豊彦は社会的基督教という用語を使っていないが、社会問題の救済の実践に全力をあげているという点では両者は完全に一致している。

また中島教授は「贖罪愛」によって「地上に神の国を作る為に実践すること」を賀川豊彦に学んでいる。同志社を解職されて苦境にあった中島教授を関西学院に推薦したのも賀川豊彦であった。

五人目の人は久山康先生である。久山先生は中島教授が辞職（十九年十一月末）されたあと、二十一年四月聖和女学院から関学の大学予科の教授にこられたので二人は関西学院内では会っていない。しかし久山先生は昭和三十一年『近代日本のキリスト教』の中でいち早く関学における中島教授の活躍を紹介している。久山先生はその中で主に「SCM」という名称の「キリスト者青年の宗教運動」について論評している。中島教授はその運動の西のリーダーであり講師であったから東のリーダー管円吉氏と比較して批評している。久山先生によると東のリーダーの菅円吉氏はキリスト教の理解についてもやや浅薄であるだけでなく、散々学生を焚き付けておきながら、官憲の検挙が迫るとさっさと対極にあるバルト神学へ鞍替えしていると、厳しく批判しているのに対して中島教授については誰に聞いても、教理や神学が違う人でも中島教授の人柄を褒めていると言う。またある人は御殿場東山荘で開催された夏季学校に於ける中島教授の講演はあたかもステパノ（キリスト教の最初の殉教者）を思わせるほど、崇高なものであったと述べている。この様に久山先生は中島教授の教理と人格を極めて高く評価しているのである。

六人目に久山康先生の従兄にあたる山谷省吾氏にお会いできたのは大きな喜びであった。山谷氏と中島教授は同年齢で、岡山市の旧第六高等学校と東大法学部の同窓であり、卒業後の勤めも中島教授が同志社、山谷氏は旧第三高等学校・京都大学の教員と同じ京都に住んで交流する親友であった。

そこで山谷氏は中島教授の「社会的基督教」が基督者は個人の霊的充足だけに満足することなく、社会問題の救済に努めるべきだという主張には十分の理解をしめしていたが、「社会的基督教」の教理や神学には率直な批判を投げかけている。

「社会的基督教」では宗教があまりに科学と接近しすぎており、宗教も文化の一項目とみなされ科学・学問によって宗教のすべてが決定されるという。しかし山谷氏はそのような考えをそのまま受け入れる事は出来ないという。また中島教授は社会を神とみて内在的・汎神論的神観をとっているが、山谷氏にとって神の超越性は維持されなければならないと批判している。

これに対して中島教授は「神は凡てのものの上に在し、凡てのものを貫き凡てのものの内に在したもう」（エペソ4・6）とあるように神は超越すると同時に内在でありうると主張する。同様に「彼岸」と「此岸」も宗教生活のはなすべからざる両面であるから同時に存在し得ると主張してやまない。

両者は「宗教と科学」、「超越か内在」というキリスト教の根本問題をめぐって論争している。

最後に竹内愛二先生の知られざる戦前の活動を知って驚いた。先生は昭和五年にアメリカ留学から帰国してすぐ同志社文学部の神学科で社会事業論を教えたから、中島先生の「雲の柱会」、「日本労働者ミッション」の事も知っていたのであろう。昭和六年九月の「社会的基督教徒関西聯盟」には結成準備会から参加し、神戸地区の委員を務め機関誌「社会的基督教」では「海外ニュース」を担当しただけでなく論文も社会事業について度々寄稿している。さらに編集委員、庶務、会計係りなど会の機関車の役割を果たすようになった。太平洋戦争に突入したあと十七年三月には特高警察の弾圧に屈して「聯盟」は解散し、機関誌は廃刊となり活動できなくなったが、竹内先生は終戦後の再興を忘れなかった。その様な実情を見通していた中島先生は竹内先生を次期の委員長に指名し、自身の葬儀の司式をも頼んだのである。

竹内先生は中島先生の付託に全力でこたえた。

竹内先生は昭和二十一年三月末に同志社大学法文学部教授を辞職し四月一日から灘生活協同組合の常務兼文化部長として活動しながら、開拓伝道を開始して社会基督教会を復活し、中島先生の付託に応えた。

さらに昭和二十五年には機関誌「社会基督教」（一号～五号）を復刊し中島先生の悲願にこたえた。

竹内先生は二十三年に灘生活協同組合を辞して関西学院の講師となり、二十七年には社会事業学科を創り主任教授となった。

これら七人の先達に導かれながら中島重先生の営為をたどったのが本書である。

目次

中島　重

太田良子（三女）所蔵

序論　中島重を育んだ故郷　――新島襄が伝道したキリスト教の町

一　備中高梁という町

備中高梁は明治二年まで備中松山という名の城下町であった。備中松山は戦国時代末期には毛利家と織田信長の合戦の場となり戦乱が続いたが、江戸時代に入って備中松山藩が次第に形成されていった。慶長五年小堀新助正次は徳川家康によって備中国奉行を命ぜられた。そのあと池田、水谷、安藤、石川と十年から三十年くらいで各氏が入れ替わった。そのあと延享元年（一七四四）板倉勝澄が伊勢亀山から入封して備中の六十二カ村五万石を領した。

七代板倉勝静は伊勢桑名の松平定永の第八子であるが天保十三年（一八四二）に板倉家の養子となり、嘉永二年備中松山藩主となった。勝静はその年の十二月、有終館の学頭山田方谷を元締役兼吟味役に命じ、藩の行財政の改革を命じた。

幸い山田方谷の行財政改革は大成功し、安政四年には十万両の借金を返却した上で十万両の貯蓄を生み出し、これが認められ藩主勝静は安政四年に寺社奉行に取り立てられ、文久元年には方谷も江戸で勝静の顧問を勤めた。

二　戊辰戦争と備中松山藩の苦難

備中松山藩主板倉勝静は文久二年には老中に昇進した。戊辰戦争が勃発した時には老中首座であり将軍徳川慶喜の側にあり、敗戦後には慶喜にしたがって江戸に帰った。慶喜が江戸城を明け渡し恭順の意を示すと勝静も家督を勝全に譲り、そのあと、日光、奥州を経て箱館へ渡ることになった。

さて国元備中松山藩には戊辰戦争の結果、四つの難問が迫ってきた。まず一つは、松山藩は朝敵とされ征討軍が指し向けられた。山田方谷は恭順に藩論を統一して恭順の使者を征討軍の本陣に指しむけたが、征討軍が示した謝罪書の草案には「大逆無道」の文字があったのを見て方谷は「藩主の尊王の志は誰よりも厚く、一度たりとも朝廷に刃を向けたことはない。この四文字は自ら(方谷)の命に代えても受けられぬ。」と決死の覚悟を示した。方谷の覚悟を知った総督の伊木若狭は「軽挙暴動」の四文字に変えて事を治めた。こうして無事開城はなった。

第二は、鳥羽伏見の戦いに敗れた後、板倉勝静の親衛隊は隊長熊田恰に率いられて、玉島湾に帰ったのは一月十七日の備中松山藩が征討軍に城地を引き渡す日であった。征討軍は直ちに熊田隊を包囲した。熊田恰は一月二十二日切腹して百五人の隊員の命を救った。

第三は継子板倉勝全の所在が不明であるため、新たに後継者として血筋に繋がる板倉勝弼を新藩主として据えるため、江戸から松山まで届ける大任を見事に果たしたのは川田剛であった。

第四は日光、会津、仙台から箱館に転戦した勝静を救い出すことである。山田方谷は奇策に打って出た。横浜在留プロシアの商船長ウエーフを使い勝静をだまして商船に乗せ東京に連れて帰り、新政府への謝罪自首をすすめた。だまされたことを知った勝静は大いに怒ったが、川田剛らの声涙とともに下るすすめに折れて自首した。

こうして明治二年九月備中松山藩は五万石から三万石を削られてわずか二万石とされ板倉勝弼を藩主として復興されたものの武家も庶民も言い知れない屈辱感と耐え難い苦難を強いられ、旧藩主のいる東京や大阪あたりに移住する人も多かったと言われている。さらにこの町には他に見られない不名誉な処置が加えられた。それは何百年という長い間の伝統となっている藩名・町名「備中松山」を一夜にして「高梁」という名称に変えることを強要されたのである。まことに藩士、町民の郷土への誇りをふみにじる暴挙と言わざるを得ない。戊辰戦争のもたらした災難はこの街に決定的に強くて深い影を落としている。

三　新島襄によるキリスト教の伝道

新島襄は同じ板倉家の親戚にあたる上州安中板倉藩士の子として江戸藩屋敷で育ったが、志をたてて築地の軍艦操練所に学んだ。ところが、眼病を患ったためやむなく退校した。そんな時，親戚藩の備中松山藩が買ったばかりの軍艦快風丸が備中玉島湾まで処女航海にでるというので、その操艦の手伝いを頼まれた。そこでこれを受けて、玉島まで航海し、松山城にも登ったことがあったという。

（一）新島襄の日本脱出

その後、新島は夢を膨らませ、なんとしてでも日本を脱出して外国で近代的な知識を学びたいと思うようになっていた。そんなある日、江戸の町中で備中松山藩の顔なじみの船員が「新島、われわれは近く箱館に行く予定だが一緒に来ないか。」と誘った。新島は日本を脱出するのに最適の港は箱館だと考えていたところだったので、是非連れて行ってくれと頼んだ。備中松山藩の快風丸の船員たちは新島の箱館遊学の許可や奨学金の手続きなども手伝ってくれて箱館まで運んでくれただけでなく、さらに船員の一人は函館に残り、日本脱出まで援助して脱出を成功させたのである。そのようなわけで新島の日本脱出は備中松山藩の船員のおかげで成功したものであった。

新島は幸いアメリカ・マサチューセッツの船主に面倒をみてもらい、高校、大学を卒業して神学校にも学び宣教師になって日本に帰国したのは明治七年のことで、八年には京都に同志社英学校を創っている。九年には熊本バンドの学生が大挙して編入してきた。

同志社の神学科の学生たちは伝道の実習地としてそれぞれ担当の地域を持っており、夏休みなどには熱心に伝道に従事していた。岡山の担当は金森通倫であった。金森は明治十二年に卒業して岡山教会の牧師となって岡山県の各地に熱心に伝道した。

まず十二年十月には備中高梁の柴原宗助の招きに応じて、宣教師のベリー、岡山県の衛生などの責任者であった中川横太郎と金森通倫の三人で初の高梁への伝道（演説会という名目）を実行している。

そのあと十三年二月には京都から新島襄が高梁にキリスト教の伝道に訪れた。新島にとって高梁は十数年前、日本脱出を助けてくれた大切な友人のいる懐かしい町であった。再び松山城にも登り、船乗りの友人にも会いなつかしい昔を語り合えた心の旅であった。

そしてそのキリスト教の講演会場を提供してくれたのは高梁小学校の付属女紅場（裁縫学校）であった。その直接の実行責任者はかつて山田方谷の家塾牛麓舎に学んだ福西志計子であった。キリシタンの信仰が解禁されてまだわずかに七年しかたっておらず、町には反キリスト教の雰囲気が充満しており、誰も会場を提供しなかったのである。そこにたまたま女紅場で教えていた女傑福西志計子が会場を提供したのである。したがってこの講演を聞いたのは女性が中心であった。

（二）新島の講演と福西志計子の回心

新島の講演は「新しい国を創るためには文明の基をつくることが大事です。そのためまず神を知り、次に日本人の心を改良するには教育が重要であるが、殊に女性の教育が必要である」と訴え感銘を与えた。

四　福西志計子の回心と女学校創設

福西は新島の新しい日本を建設するには人間の心を創り替えるための教育が必要であり、殊に女子の教育が必要であるという新島の熱弁を聞いた福西志計子は強い衝撃を受け一瞬にして回心した。

クリスチャンとなった志計子は裁縫所でも熱心に信者としての活動を始めたため、公務員として逸脱しているとの意見が強まり、明治十四年春になると町議会でも問題とされ信仰をすてるか、辞職するかを求められると、福西志計子と木村静の二人は熟慮の末、七月に潔く辞職した。しかもその二人は十二月十日、「私立裁縫所」を立ち上げた。ここに伝統的勢力としての町議会にキリスト教の信者が公然として反旗をひるがえし、町の中の二つの勢力が真正面から衝突することになったのである。

元教員で新島襄の推薦によって同志社の神学科の促成コースに学んで帰った伝道師の二宮邦次郎を中心に福西志計子や赤木蘇平などの医師たちは活発に活動して明治十五年五月には高梁基督教会を創立した。岡山県では岡山市に次いで二番目の早さであった。

（一）キリスト教徒への迫害の発生

高梁教会ができて活動が盛んになると、これに比例して反キリスト教の側も勢力を強め、やがて町の総力をあげてキリスト教に鉄槌を加えてきた。プロテスタント史上、日本最大の迫害が発生したのである。最初は明治十七年六月二十八日、教会では聴衆から怒涛のような罵詈雑言が投げられ、会場には土砂が投入された。

第二回は七月六日最大の迫害が発生した。日没の頃には多数の人が集まり、児童十五・六人が一隊となり、反キリスト教の聞くに堪えない暴言を叫んで挑発し物情騒然たるものとなった。教会には大量の大小の土石が投入され教会周辺は狂乱怒濤の巷に化した。

その騒動を知った岡山県知事はキリスト教への迫害は国際問題になると急遽警部を高梁に派遣して治めた。それでも事態は改善しなかった。第三の迫害は八月十日に起こった。町内の一部の人達がキリストの像という藁人形をつくり、これを担いで町内を巡回した。ここまで来ると警察も放置できなくなる。警察署は赤木蘇平、須藤英江を呼んで事情聴取を始め取り締まりにかかった。

（二）順正女学校の創設

福西志計子はこの大ピンチの中で京都から応援に来てくれた藤田愛爾のふところに飛び込んでいった。「高梁に女学校を創りたいんです。どうか援助してください」と頼んだ。藤田は京都の同志社女学校の校長であった。藤田は「是非ここ高梁に女学校を創りなさい。」と力づけてくれた。

もともと高梁教会の森本牧師はアメリカで最初に女子カレッジを創ったメアリー・ライオンの伝記を翻訳して志計子に聞かせていたから、志計子はいつの日か自分も女学校を創りたいとアンビションを胸の中に燃やしていたのであった。

福西は寝食を忘れて女学校創設に没頭した。それは私立裁縫学校に文科を加えて正規の女学校につくりかえることであったが、文科の教員を探すのは決して容易ではなかった。しかし同志社傘下の組合系教会や学校の関係者が協力して十八年一月に高梁に「順正女学校」が開設された。

これはミッション系の学校を除けば西日本初の女学校であり、岡山市よりも早く、九州にも中国・四国にも正規の女学校は存在しなかったのである。

また高梁に（旧制）中学校が設立されたのは十年後の明治二十八年のことであった。順正女学校は福西志計子の驚くべき業績であった。

しかも福西志計子が心血を注いで育てた女学校はただどこよりも早くできただけでなく、四国や九州から若い娘が笈を負うてつめかけるほどの有名校となったのである。それほどに順正女学校の卒業生はキリスト教の豊かな教養を身につけ、さらに裁縫の腕は確かとの定評が出来上がっていった。

山田方谷の「至誠惻怛」の理念にキリスト教の「愛」の精神を合わせて継承した福西志計子は清冽に生き抜いた女傑であった。

また順正女学校の第二代校長は本書の主人公である中島重の実父柳井重宜氏であった。キリシタンの学校と揶揄され、迫害されたにもかかわらず、有名校として成長出来たのは柳井氏の温かい支援があったからである。

五　留岡幸助の「家庭学校」

留岡幸助は元治元年、備中高梁の理髪店を営む吉田家に生まれたが、すぐ親類の留岡家の養子となった。

幼くして寺子屋に通ったが、商人の子供だったためいつも木刀を持って闊歩する士族の子供からよくいじめを受けた。ある時、士族の子供が木刀で殴りかかったので、幸助は堪忍袋の緒が切れ、窮余の一策として相手の利き腕をつかんで引き寄せて噛みついた。よほど痛かったらしく当の武士の子は大きな泣き声をあげて逃げ帰った。すると翌日、当の武家から幸助の父が呼び出された。そしてお前の子は自分の子に怪我をさせたから今日から我が家には出入り禁止だと言い渡された。幸助の家はお米の販売店を営んでいたので士族のお客を失うことになったから、打撃は小さくはなかった。そこで父は大事なお客を失ったと幸助を散々に打ち据えた。幸助にしてみたら、自分は相手が木刀で殴ったから反撃しただけで何も悪いことはしていないのに、父親にまでひどく折檻を受けるのはどう考えても納得がいかなかった。その結果、幸助は「武家というやつは悪い奴だ」と考えるようになった。

そんなある日、外国人が演じる西洋講談とはどんなものだろうかと友人と一緒に聞きに行ったところ、外人が説教し、その通訳が「士族の魂も、町人の魂も、赤裸々になって神様の前に出るときには同じ値打ちのものである」といったので幸助は強い衝撃を受け、それから教会に通うようになった。

十五年には教会が発足したが、すぐに迫害が始まった。幸助の父親は幸助が教会に通うのを恐れ強く止めたが効果がないので、警察署長に説得してもらったのに更に埒が明かないことを知り、遂に座敷牢に幸助を閉じ込めた。閉じ込められた幸助はしばらくすると福西志計子と相談して家を出て岡山教会に走り、さらに四国今治教会の横井時雄牧師のところに隠れた。二年ほど今治教会に奉仕した幸助は徴兵検査のため高梁に帰ったが、肺ジストマを患っていたので不合格となった。ところが幸い留岡は高梁教会の奨学金で同志社の神学科に進学することができたのである。

同志社に入学して三つの事柄に強い影響を受けた。

第一は新島襄の人格教育と平民主義である。新島が同志社にもたらしたコングリゲーショナリズムの本質は教会の独立と自治を重んじ教会員の平等と個人の人格の尊重及び良心の自由を尊重することであった。

第二はキリスト教の応用的実践活動である。当時の同志社のキリスト教には人への奉仕こそが神への奉仕であるという考え方が浸透し、キリスト教の実践的応用としての社会事業へ学生の関心を向けた。

第三に同志社の教育は学生を社会問題へと志向したが、留岡は監獄制度改良運動を天職に選んだことである。同志社で学んだ多くの卒業生は「いと小さき者」こそ神の愛し給う対象であることを確信し、監獄改良、非行少年の感化、廃娼運動を天職に求めて飛び込んでいった。

こうして留岡幸助は監獄改良を天職に選んでまず北海道の空地の監獄に勤務しながら、囚人と親しく面接した結果、その大部分が少年期に家族の温かさを十分に享受していないことを確信した。そのあとアメリカの刑務所を視察し、その考えを益々強く確信した。帰国すると留岡は巣鴨に家庭学校を創設し非行少年を収容した。その後北海道の北見国紋別郡社名渕に非行少年を感化育成する農場を開設した。社名渕留岡町の「家庭学校」である。

留岡幸助は明治・大正時代を通じで最もすぐれた社会事業家であった。

備中高梁はこのような偉大な社会事業家を生み出した町であった。留岡はたびたび故郷の教会で説教や講演をした。中島はこの偉大な社会事業家の影響を直接、間接受けているはずである。

六　中島重の生い立ちと日曜学校

戊辰戦争後の苦難に悩んだ高梁では、文明開化の第一歩として明治六年に解禁されたキリスト教が十三年に新島襄の伝道によって受け入れられた。

(一) 受け入れを支援した人たち

高梁の場合にはキリスト教の受け入れを支援した人たちは三種のグループであった。

その第一は小学校の教員たちである。先頭を切ったのは小学校の教員であった二宮邦次郎であった。彼は新島襄の高梁伝道の際に新島に面会して同志社の神学科の促成コースに進学することを打ち明け、四月から就学し、七月には高梁に帰って伝道師となって伝道活動に入った。これに続いて小学校の付属裁縫所の福西志計子と木村静が入信した。さらに校長の吉田寛治も協力した。第二のグループは宣教師で医師であったベリーの指導を受けた西洋式の医師・獣医師グループで赤木蘇平、須藤英江、彌屋修平のほか中島貞次郎（重の養父）などがいる。第三は柴原宗助や柳井重宜など町の資産家であった。

(二) 柳井重宜と順正女学校

重の父柳井重宜は上房郡松山東村広瀬に生まれた。柳井家は代々幕府や藩の料紙を供給した家柄で父重隆の代まで大高檀紙を製造していた。明治十年には初代松山戸長となり、一七年には県会議員となった。二十年には株式会社八十六銀行の取締役、二代目頭取にもなる。窮民救助のための植林や開拓を行い畜牛の改良にも貢献した人物である。また熱心なキリスト教の支援者、信者で福西志計子の私立裁縫所や順正女学校を支援し明治十九年から二代目校長を勤めている。

（三）中島重と高梁教会の日曜学校

重は柳井重宜の三男として生まれたが、父の弟で中島家を引き継いでいた直次郎の養子となった。中島家は獣医であったから、キリスト教を受容した医師・獣医グループに属していた。したがって実父も養父もともにキリスト教の有力な支援者であったことになる。そこで重は当然のこととして高梁教会の日曜学校にかようこととなった。その頃高梁教会の牧師は同志社出身の溝口貞五郎牧師が勤めていた。

重は若いころは高山樗牛の日本主義に心酔していて教会へも素直ではなかったが、それでも第六（旧制）高校時代（二十二歳）に受洗した。重が関西学院教授となった昭和六年頃から昭和二十一年に死去するまで、重が主宰する「社会的基督教」による宗教活動を身近なところで全力をあげて支えたのは溝口貞五郎牧師の一子、溝口靖夫（神戸女学院大学教授）であったのは一つの因縁であったといえよう。

七　東大法学部と本郷教会の機関誌「新人」

重は旧第六高等学校から東大法科に進学した。師事したのは民本主義の吉野作造、憲法の美濃部達吉などであるが、東大時代には学問研究の他に海老名弾正のキリスト教に心酔していた。

海老名弾正牧師の本郷教会には東大生や早稲田の学生などの多くの青年が集まったが、中島は海老名牧師と吉野作造に強い影響を受けた。そして時々機関誌「新人」に投稿している。ここでも吉野作造と深くかかわっている。

東大時代には身体的な危機にも襲われた。肺結核が悪化し、死の淵をさまようこと二年に及んだ。死の淵に臨んで絶対者に救いを求め祈ることによって神への信仰は深まり、ゆるぎなきものになった。幸い二年間の休学を経て大正五年秋に東大を卒業し、六年春には海老名と吉野作造の推薦によって同志社に就職した。まことに恵まれた研究者としての船出であった。

中島重が育った備中高梁は学問の盛んな土地柄の町であった。殊に天保七年に山田方谷が藩校有終館の学頭に就任したころから士族だけでなく町民や農民に至るまで読み書き能力を持つものが急増し知的水準が高まったことが山田方谷の陽明学を学ぶため備中松山に滞在した経験のある越後長岡の河合継之助の「塵壺」にも記されている。

しかし藩主板倉勝静が老中首座であったため戊辰戦争に巻き込まれ朝敵とされ戦火は免れたものの、一年八カ月に渡って城下を占領され、許されても石高は五万石から二万石に削減され深刻な精神的恥辱と悲惨な経済的苦難を経験した。

そのような状況の中、明治十三年二月新島襄によってキリスト教が伝道され多くの女性たちと少数の男性の心を捉えた。

隅谷三喜男によると山田方谷の陽明学はこの地域のキリスト教の受け入れにむしろ潤滑油の役割を果したとい

う。

重もこの故郷の深い悲しみと希望の入り混じった社会的雰囲気を吸いながら育ったに違いない。中島重も郷土の偉人山田方谷、三島中洲、川田剛、福西志計子、留岡幸助、伊吹岩五郎らの話を伝え聞いて育ったに違いない。そしてそれらが中島重のキリスト教に継承されているものと想う。

【参考文献】

倉田和四生『留岡幸助と備中高梁』（吉備人出版）（平成十七年）

倉田和四生『福西志計子と順正女学校』（吉備人出版）（平成十八年）

倉田和四生『山田方谷の陽明学と教育理念の展開』（明徳社）（平成二十一年）

一章　多元的国家論

はじめに

中島重の『多元的国家論』は中島がそれまで発表していた論文を集めた論文集であったが、著書としては初めての出版であった。ところがこの著書によって中島は一躍全国にその名を知られるようになった記念すべき著書であった。それは何故か。

まず第一にこれまで長い間に渡って学界・思想界を支配してきた国家論、ドイツのヘーゲルを中心とする「国家全体社会説」に対抗したイギリスの自由主義・個人主義の思想を基盤とする「国家部分社会説」の提唱であった為である。

第二に、その画期的な理論を可能にしたのは十九世紀の後半にフランスのオーギュスト・コントやイギリスのスペンサー等の努力によって「社会学」が創設され、その成果として「全体社会」と「部分社会」が区別されるようになり、さらにテンニエスが「ゲマインシャフトとゲゼルシャフト」の集団分類を提示することによって集団論の研究が活発になり、これに影響されてイギリスのマッキーバーは一九一七年に『コミュニティ』を発表して「コミュニティとアソシエーション」を分類した。マッキーバーによると国家はアソシエーションすなわち株式会社のような一種の団体であると考えられている。

第三にヘーゲル学派のように国家を全体社会とみなす観点からはなれて、国家を部分社会すなわち単なる集団の一種と見る見解は、自由主義の思想研究の活発なイギリスにおいて、「ギルドと国家」の関係および「教会と国家」の関係についての研究に重要な示唆を受けて発展してきた。

第四に、中島重はかねてイギリスのスペンサーの社会有機体論、社会進化論を研究し、機能主義的研究を身につけた。機能主義では、部分の結合によって全体が構成される。全体には目的があり、部分には目的遂行の役割がある。部分はその役割を果たすことによって全体が運営されるのである。さらに国家は決して全体社会ではなく、全体によって与えられた固有の機能を果たす団体の一種にすぎないとの考え方に達した。

右のような考え方が総合される形で研究が進み、二十世紀に入ると国家を全体社会とみるヘーゲル流の一元的な国家論に対抗して盛んに多元的国家論が提唱されるようになったが、日本でも大正年間から昭和の初期にかけて研究が盛んになされたがその中でも法学界では中島重、社会学界では高田保馬がよく知られている。

一　多元的国家論の成立

多元的国家論は二十世紀の初期まで圧倒的に優位を占めてきた一元的国家論（国家全体社会説）に対抗して二十世紀の初頭ごろから英国で盛んに唱えられ始めた国家論（国家部分社会説）である。すなわちそれはラスキ、ラッセル、コール、ホブソン、マッキーバーなどによって論じられた。その中でマッキーバーはイギリスで一九一七年に『コミュニティ』を発表した後でカナダ・トロント大学、続いてアメリカのコロンビア大学に移ったからアメリカとイギリスで提唱されたことになる。

（一）社会学の創設と集団論の発展

この学説が成立するためにはいくつかの条件が存在した。先にふれたようにまず社会学における社会集団論の発展である。一九世紀の中盤に入るとフランスのオーギュスト・コント、イギリスのハーバード・スペンサーの努力によって新しい学問として社会学が創設されたが、そこでは社会本質論、社会集団論が盛んに議論された。ことにここで重要な貢献としてドイツのテンニエス、イギリスのスペンサー、少し経ってマッキーバーが指摘される。社会有機体説や、社会集団論が盛んになると、全体社会と部分社会が区別されるようになってきた。それまで長い間、国家は一元的な全体社会と考えられてきたが、社会学における集団論の発展に伴って国家は決して全体社会ではなく、部分社会の一種であるとの見解が事の外自由の国イギリスで次第に広まってきた。

（二）教会と国家を弁別する思想の成立

教会と国家を分離する思想はまた国家の相対化に影響を与えている。中島重は教会と国家を弁別する思想の成立について、フィッギス（J. N. Figgis）に拠って次のように述べている。

①フィッギスの説

教会と国家を別個の団体だと考える思想が生まれたのは第一に聖トーマスがアリストテレスの哲学の基礎の上に政治団体の本質を論じたことに始まるという。

第二に、その傾向は封建社会制度の頽廃、神聖ローマ帝国の実際上の衰微によって助長された。

第三は宗教革命であるが、この革命は初めは、宗教的代表者の権利を政治的代表者の手に移したに過ぎなかったが、神聖ローマ帝国全体としての宗教的統一が破壊されてしまったアウグスブルク宗教会議（一五五五）以降は教会は最早帝国と同一視することはできないと見られるようになった。人々は次第に教会と国家を別のものと考えるようになったのである。

ところがこの傾向はカルヴァンの思想の中にはなくてフランスのユグノーの中に生まれた。またイギリスではエリザベス女王の治世の末期にカートライトを始めプレスビテリアンの間に見られたという。

こうして教会と国家を別個のものと見る思想は急激に醸成された。大きな刺戟を与えたのはイギリス国王の宣誓拒絶の問題であった。さらにイングランドとスコットランドの合同がこの傾向を助長したのであった(1)。

②ラスキの説明

中島重はこの問題に対するラスキの説について四点を指摘している。

1　ディスラプション

スコットランド教会は始めから原則として国家とは独立の団体であることを認めてられていていた。しかし教職任免権が問題を引き起こした。ここでは急進派、高等法院、内閣側の三者の論争が展開された。

第一にカルマーズを首領とする急進派は「教会は国家から独立しており、宗教事項についてはいかなる権威にも服しない。しかし国家の領域については拒むことはしない」[2]と主張した。

第二に高等法院は「国立教会は国家によって法律上の人格を与えられたもので、独立の存在と主張することはできない。国家の立法は無制限であらゆる方面に及ぶものである。教会の主張を認めると国家は無政府状態になる」[3]と主張した。

第三に、内閣側の意見は前二者の意見の中間である。すなわち教会は国家とは別個の団体であると認めるが、国家の職務の範囲においては教会も国家に服従する他はない。しかもどこまでを国家の職務の範囲とするかの判定も国家の決定に従うほかはない、というものであった[4]。

2　オックスフォード運動における国家論

これはアングリカン教会について政府が改革を実行したことに対する反対論のことである。その論旨は、教会は国家とは独立した別の生命を持つ一つの完全社会であるから、国家によって支配されるべきものではないというものである。その結果、一八四五年ニューマンのカトリック教会への改宗をもって終わった。策源地がオックスフォードであったのでこのように呼ばれた[5]。

3　カトリックの復権に関する国家論

英国の宗教改革によって英国が新教国となると、カトリックは厳しく抑圧され、官吏にも国会議員にもなる資格を奪われた。しかし、一八二九年法によって資格が回復されたが、この事実に賛否が沸きあがった。反対論は「カトリック教徒はローマ教会という別の団体に属し忠誠を尽くしているから、国家に忠誠を尽くす必要はない」と主張した。

カトリックおよびその弁護者はカトリックはローマ教会に属するけれどそれは宗教上の忠誠であって、クエーカーやメソジスト等が自からの教会に属しているが、国家の義務を果たすのに妨げがないのとまったく同一である、と主張した[6]。

4　デ・メイストレとビスマルクの国家論

デ・メイストレはローマ教会万能主義者で国家を教会に、政治を宗教に還元しようとする一元論を唱えた。他方ビスマルクは極端な国家万能主義者で教会を国家に吸収し、政治を宗教とみなそうと主張した[7]。

以上、新しい国家論としての多元主義的国家論の成立には十九世紀末頃までに自由主義、個人主義思想の進展、国家と宗教を区別しようとする思想の発展に加えて、社会科学、殊に社会学の中で集団論の発展が絡まりあって進展し二十世紀に入ると、自由主義思想の先進国イギリスにおいて花開くことになるのである。

二　対立する二つの国家論

中島重は『多元的国家論』の冒頭に「国家本質に関する二大思潮の対立」を書いている。この論文はもともと大正九年三月発行の『同志社論叢』第一号に掲載されたもので高い評価を受けたものであった。その内容は二つの対立する国家論を様々な方角から分析し、最終的には国家は全体社会や基本社会でもなく団体の一種にほかならないとするイギリスの新しい団体論を支持している。

以下二つの国家論について中島重の考察を見てみよう。

（一）ヘーゲル学派（ボサンケット）の国家論

ドイツの国家論の典型はヘーゲルの理論であるが、ここではその代理としてボサンケットの国家論を取り上げている。

1　国家は縮小すれば個人の心になり、個人の心は拡大すれば国家となる。国家は実に個人の拡大したもので「普遍我」と呼びうるもので、「大我」と称してよい実在である。国家は個人以上に実在である。また個人の心が完全に外部に展開したのが国家である。(8)

2　国家は個人を拡大したもので「真意思」の発現と見るならば、国家はほかの手段となるものではなく、国家は国家であることが目的である。(9)

3　「真意思」の実現によってのみ真の我の実現がなされ真の自由が存在する。ところで「真意思」とは国家意思に外ならないから、国家意思の統制に服することはすなわち真の自由であって、それ以外に自由はない。国家が法によって強制することが自由の途であり、強制拘束が即ち自由である。(10)

4　国家は他のすべての特殊的団体を自己のうちにその一部分として内包する完全な「全体社会」であってほかのすべての社会は国家内に於いてその部分として存在するに過ぎない。国家は「全体社会」であると主張する。(11)

5　国家が「全体社会」であるとすれば国際関係はどうかというと、二つ以上の「全体社会」が更に大きな全体社会とでもいうべき世界国家の下に組織統一されない限り、それは完成しない。そこで国際関係はいわゆる自然状態にほかならない。組織的社会関係があってのみ道徳が成立するが、そうでないと道徳的関係は成立せず、非道徳的自然関係のまま置かれている。[12]

中島重によるとこの国家論の特色は、国家及び法律の倫理的意義を強調する所にある。個人は国家及び法律に服従することによって道徳的向上を全うし得るものであり、国家及び法律は個人の向上の道しるべとなるもので、これに服従し、之に適合することなしには個人は発展することが出来ないと考えられている。したがってこの見解では国家至上主義に成らざるを得ないのである。[13]

(二) スペンサーの国家論

ところが自由主義を基礎とす英国の国家論は全く趣を異している。それは「個人の自由な発意を尊んで個人の権利を尊重する。国家を絶対とみることはなく、逆に個人を絶対と視る立脚地に立っている。そこで個人の権利と自由を保護するために国家は個人が集まって作った共同組合にほかならないと観るのである。[14]」

そこで国家は個人の平等な自由の権利を保護する目的の為に形成された株式会社に他ならないと考える。[15]

このようなイギリス的国家観はジョン・ロック、ベンサム、ミル、コブデン、ブライトなどの基礎哲学に見られるが、ハーバード・スペンサーにおいて典型的にみられる見解である[16]、と中島は考えている。

中島重はスペンサーの国家論を次のように要約している。

1 人類は幸福になる権利があり、そのためには行為の自由が必要である。またある人の自由は他人を侵害しない範囲においてのみ許されるもので、さらに各自の権利は平等である。この公理から種々の権利が引き出されている。この権利が「天賦人権」または「自由権」である。

国家は「自然権」を保護するため、外からほかの集団が侵害するときには防禦に務め、内から侵害される時には警察といった形で、内外の侵害に対して防禦するため、各自が自由意思によって結合した組合或いは株式会社が国家である。その代償として個人は租税を払う。またこの組合から脱退をしようと欲するならいつでも脱退する自由を持っている。

国家は個人が委任した範囲にかぎって活動するもので、それ以外のことをしてはならない。貧民救助法を設けたり、教育の施行、保健衛生の業務、通貨、郵便業務などは国家の機能ではない[17]。

2　国家はそれ自体が目的の団体ではなく、個人の発達と幸福の手段としてのみ存在意義がある[18]。

3　個人には国家以外にも人間として活動分野があり、自由行動の範囲がある[19]。

4　国家は「全体社会」ではなく、多くの人が集まって作った組合であってほかの組合と豪も異なることはない[20]。

5　国際関係についても国家を「全体社会」とする立場から引き出される国際関係観は決して成り立たない[21]。

6　国家及び法律は、本来存在しないのが理想であるが、人間の不完全性のためやむを得ず作って社会秩序を保持するのであって、本来、国家法律は必要悪と考える[22]。

三　二つの国家論の検証

中島重によると、ドイツの国家全体社会説の哲学的基礎は形而上学的、国家的汎神論的であって、個人を眼中に置かず、国家のみを実在として見ている点など、重大な欠陥を持っている。

他方イギリスの国家株式会社説の出発点は個人の自由な活動の為に天賦の権利を設定しその権利を保護するために国家を組織すると説くのは個人主義説であって決して十分とは言えない[23]。

（二）国家論と自由

そこで中島重はこの二種の国家にとっての自由、目的、国際関係がどのような意味をもつかについて検討している。全体社会説の国家では強制拘束されるのが自由であり、強制拘束せられてはじめて真の自由が成立すると説明する。これに対して国家株式会社説としての国家に於いては国家はある目的のための組合であるから、その目的の範囲内において拘束を受けるが、それ以外においては人間は自由なはずであるという。

中島重によると、全体社会説の国家の自由は一見道徳的精神的であるかに見えるが、そうではない。現実不完全な国家をそのまま真善美の理想体であり完全な神であるとみなすもので、専制主義を是認する国家論であると言わざるを得ない。ドイツの文化国家主義は国家の絶対専制に帰着する。

そもそも国家内にて個人の自由が主張されてきたのは宗教革命以降のことである。また良心至上主義は宗教革命の精髄で、神の救いは制度の力によるものではなく、一に各人の信仰に依る。

国家の職能には制限があり、国家は有限の目的を持つ人間の結合である。

「国家全体社会説」の国家では自由に独特の解釈を加えて強制がそのまま自由であるかの如く主張するのは、この自由権の本義を無視した誤りである。(24)

中島重によると「国家株式会社説」の自由論も原理は正しいが重大な修正を施さなければならぬことが二点ある。

第一は自由の範囲は流動的で固定的ではないことを認識すること。

第二はこの自由は「社会」に対してではなく、「国家」に対しての自由であることの認識である。

ここで重要なことは国家以外にその基礎になるところの「社会」の存在を明確に認めたうえで国家は構成員である

各個人が共同目的を達成するために結合する団体であることを認識することである。そしてその団体は一定の職能を有し、職能の範囲内に於いてのみその構成員を拘束するが構成員は国家に拘束されていない範囲に於いては社会の一員として、国家に関係なく自由に行為することが出来るのである。[25]

（二）国家は自目的の存在か他目的の存在か

中島重によると、「国家全体社会説」の国家論では国家は自目的の存在であると主張するのに対して、「国家株式会社説」の国家論の方は他目的を主張する。これについては中島重は「国家株式会社説」の方が正しいとみている。そのためには国家と区別される「社会」というものの存在を明らかに認め、国家を自己の目的として利用する個人は決して単なる個人ではなく、社会を形成して道徳的向上の目的を具有する「社会的人格者」であることの認識が必要となる。[26]

（三）国際関係の説明

中島重は二つの国家論と国際関係についても論述している。まず「国家全体社会説」に立つ国家論の場合には、完全な全体社会たる国家と他の完全社会である国家との間には社会関係が成立し得ない。そこで多くの全体社会を統一的に包摂するに足る大全体社会とでも呼ぶべき世界国家が実現するまでは国家と国家の対立する関係は社会関係とはなりえない。すなわちそれは自然状態に他ならない。

他方、「国家株式会社説」においては個人は国家とは関係のない方向に於いて、世界全体にわたって自由に人間相互の交通をはかることが出来るので国際関係や世界国家を議論する可能性が開かれると言えよう。ただし前に論じたように国家という団体的結合以外に、これとは区別された「社会」の存在を明確に認識することが必要だと中島は指摘している。

こうして国家と区別すべき「社会」が世界的に一つになり世界的社会のようなものになろうとする趨《すう》勢が生まれている。これは第一次世界大戦後の「国際連盟」や第二次大戦後の「国際連合」なども同じような目的に基づいた結合体である。(27)

(四) 中島重の国家・団体・基本社会論

これまでの研究から国家は個人の平等な自由の権利を保護する目的の為に形成された一種の株式会社という団体と規定されたが、この団体と基本社会について中島重の見解を考察してみよう。

①マッキーバーの集団分類

まず中島重はマッキーバーのアソシエーションの訳語に「団体」を当て、コミュニティに「基本社会」を当てて考察してる。

②団体とは

第一に国家は一定有限の特殊目的を達成するための結合で、団体の一種である。

第二は団体の特色として構成員に依って合意的に構成せられるということ。

第三に団体には組織がある。
第四に団体には必ず一定の職能がある。職能とは機能と同じで、活動し目的を遂行すること。
第五に団体には構成員か否かによる限界がある。[28]
さらに重要なことは一定有限の特殊目的を達成しようとする団体の外に、そのような団体を派生させ、成立させる基礎となる「基本社会」があることに注目すべきである。

③基本社会

基本社会は第一に不定無限の一般目的のためになされる結合である。言うならば人生の最高善を実現し、人間の本性の発揮完成を目的とする社会である。

第二に基本社会は構成員が意志を以て加入し構成するものではなく、本来的に存在し成立するものである。

第三に基本社会は組織を有しない。基本社会は人生の一般目的たる人間本性の発揮実現そのものを目的とする社会である。基本社会の構成員たる人格者は自律の道徳に依って社会を成立させる。

第四に基本社会には一定特殊な職能的活動はない。

第五に基本社会には団体のように構成員とそれ以外との明確な区別はなく、考え方如何で伸縮自在である。[29]

④団体と基本社会

次に団体と基本社会の関係を考えると、団体は基本社会より派生し、これを基礎としてのみ成立するもので、基本社会に奉仕し、その用を勤め、その機関として存在するものである。基本社会は団体と区別される独立の存在であって理論上、団体の存在以前に考えられるべきものであるが、それ自体だけで存在するものではなく、必ず多数の団体をそのうちより派生し、之に奉仕されて存在し発達するものであり、団体に対してその存在の最終の意義と目的を与えるものである。(30)

⑤国家の特殊目的、職務・組織・限界・合意

これまで「団体」と「基本社会」について述べてきたが、次に団体の一種としての国家について考察しよう。まず第一に、国家は団体の最初の特質とされる有限の特殊目的を持っている。

国家目的の㈠は外敵に対する共同防衛である。㈡は内部において構成員の安寧的共存を保証する目的を持つ、㈢物質文明の増進　これは経済財貨の生産とそれ以外の生産に分けられる。㈣は精神的文化を実現するのも国家の目的である。

第二に国家には目的に対応する職務があることは明らかで、この点でも団体の性質を備えている。

第三に国家には組織も存在している。

第四に国家には明確な限界がある。

第五に国家は契約によって結成された者でなく又明示的合意によって成立したものではないが、言わば、黙示的合意に依りて成立したものであると中島重は考えている。(31)

⑥国家の特性

国家という団体には次のような特性がある。

第一に国家は領土をもつ地域団体である。

第二に支配的権力をもつ統治団体である。

第三に最高独立性即ち主権を持っている。

このような特性を持つにもかかわらず、国家は団体であると中島重は考えている。

また中島重は時代により国家のあり方は変わったと指摘する。中世時代には教会と国家は分化していなかったが、宗教革命以降、両者は分化し独立したものとなった。

最後に中島はこの説によって、㈠自由の本義、㈡国際関係、㈢国家存在の意義、㈣国民の国家への服従、㈤国家の発生・消滅、㈥法の本質、㈦政治行為の本質、㈧社会改造を主張することの理解がよりよく可能になるとのべている。[32]

これによっても中島重の論説がマッキーバーの社会理論に強い影響を受けていることを知ることが出来る。

四　英国のナショナル・ギルドと国家主権　――コールとホブソン

これまでの考察から二つの国家論の中で中島重が支持したのはイギリスの国家論であった。そこでイギリスの国家論を研究し、多元的国家論を掘り下げて検討してみよう。まず第一の課題はナショナル・ギルドと国家主権に関するコールとホブソンの見解を中島重がどのように評価したかを見てみよう。

（一）コールの国家論

そもそも国家主権とナショナル・ギルドの関係が問題となるのは国家を全体社会に非ずと観る見解が成立することによって生じて来る。

先ずコールの主張を見てみよう。コールによると国家は地域集団であるが地域団体は共同に消費し使用し享楽する隣人（住民）の団体であるから国家は「消費者の団体」であるのに対し、ナショナル・ギルドは「生産者の団体」と見なされるから、これら両団体は各人間の異なる側面を捉えて組織されている。すなわち人間は一面消費者として国家に属するとともに、他の一面では生産者としては「ナショナル・ギルド」に属している。そこで両者は対等なものであるから、ナショナル・ギルドは国家の主権に支配させられるべきでないとコールは考える。

ところがコールがここで国家と呼ぶものは消費者の団体であって、その職能も消費に関するものに限られる。さらに国家に不可欠の条件である特別なる職能もふくまれていない。したがってコールが国家と呼んでもそれは国家に値しないものである。

コールはここで全く新しい方式を考える。即ちこれまでの立法・司法・行政の横断的権力分立の方式を組み替えて、産業と政治との縦断的権力分立の方式とし、国家とナショナル・ギルドはその領域において各自「立法」と「行政」を遂行し、「司法」だけは両団体のジョイント・コングレスに担わせるとしているが、これは両団体の上に窮極的な第三の組織体を作り、これによって国家に特別な機能の一部を担わせようとするものであり、この窮極的第三の団体こそ国家に酷似している。

したがってコールは国家を消費団体として国家の性質を奪ったが、別に第三の窮極的団体を作ってこれに国家の機能を与える結果になっている。[33]

（二）ホブソンの国家論

次にホブソンは国家と他の組織が互いに独立の団体であることを認める。そしてそれぞれの組織は独立の目的と職能を異にするものであるから、その組織はその職能の範囲内に於いては独自の支配を行い、国家の支配を受けることはない。しかしその組織はそれ以外の通俗の国家の職能に属する領域においては国家の主権に服するべきものであると主張するもので、国家と組織の関係としては最も正当な観方である。ナショナル・ギルドについてこの主張を代表するのがホブソンである。

ホブソンは国家の職能を列挙して、㈠法律、㈡医療、㈢陸軍・海軍および警察、㈣外交関係、㈤教育、㈥中央地方の統治及び行政としている。これらは他の団体では果たすことが出来ないものである。

ホブソンは産業の問題、階級闘争の問題はナショナル・ギルドの手に委任し、国家から除くことによって国家は固有の職能をよりよく遂行することが出来ると考えた。

政治と経済とは独立したものとするが、国家の運命と政策とは窮極において経済が健全か不健全かに影響されるので国家はギルドの統治機関にその代表を参加させなければならない。

またギルドの政策は同時に公共の事であるので、公衆を代表する国家が窮極において介入する権利を有するものとみる。またギルドは土地家屋機械などの絶対的所有者たるべきものではなく、社会を代表する国家が裁判官たるべきであると認めている。[34]

㈢　ホブソン・コールの国家論の検証

中島重によるとホブソンの出発点は国家が産業の問題に煩わされ、固有の職能に支障を来しているので、之を国家の職能からのぞき、ナショナル・ギルドに経営させることによって労働者を救うと共に国家を救うことにもなると考えたところにあったという。

他方コールがギルド・ソーシャリズムを唱えるようになった理由は、サンディカリズムに意義を認めながら、生産者の専制が行われることを避けるため、別に消費者の利益を代表する団体を必要と考え、之を国家の職能としたところにあると中島重はみている。

ところでコールの主張はその後ロシアのソビエト政権の出現によって変化している。それは㈠国家のみが消費者団体たるべきでなく他にもあると認めた。㈡生産者の団体も消費者の団体もともにできるだけ地方分権的に運営さるべきものと考える様になったことである。それには家族的、地方的、都市的、国民的、国際的なものが考えられるとしている。

さらにコールはホブソンやニューエイジの記者たちとの議論の結果によっても変化が生まれた。社会の産業と奉仕の組織には二つの異なる立場がある。生産や奉仕をなす人間と、奉仕を受けて利用し享受する人である。ギルドは前者の立場を代表し、国家は後者の立場を代表するとみている。しかしながら両方の団体は何れの一方が他方に優越するというものではなく、両者は平等で補足的なものである。そこでコールは国家の主権説を拒否し、経済的領域では国家とギルドとは共同的主権を有するものであり、このことから社会的活動の他の領域においては他の団体とともに共同して主権を行使し得るものと主張するようになった。そしてこの議論においては自分の論が絶対に正しいと主張するものではないが、国家主権説に反対であることには依然変わりないと述べている。

さらにコールは国家は消費者の代表なりと主張したが、これは国家の経済上の職能を言ったもので、国家の全職能を論じたものではなく、このほかに職能のあることを否定するものでないと述べるようになった。

国家には経済以外に為すべき職能がある。それはまず法律、裁判、中央地方の行政、公共衛生、教育などであり、次に消費者を保護する職能があると説いている。

このようにコールの変化した意見によると非経済的職能を遂行するところの国家はホブソンの国家に示されたもの

に近いと言わなければならない。そこでこの点においては国家のナショナル・ギルドに対する主権の行使を承認せざるを得ない。また共同主権なるものも経済的領域においてのみ正当になされるとしても、それ以外の特別職能を行う国家とギルドの間においては共同主権は通用しない(35)。

(四) 中島重の評価

以上ホブソンとコールの論を検討して来たが、中島は国家とナショナル・ギルドの関係ではホブソンの主張を正当と認め、ギルドに対しても国家の主権が及ぶのを認める。即ち国家の主権を必要な範囲においてギルドに対しても及ぶことを是認する考えに立っている。

しかし窮極の主権はすべての職能団体を成立せしめ、その各々の間の関係を自由に決定し得る人格者の自立した道徳的意思すなわち良心の権威を措いて他にないと考えられる。そこですべての職能的団体を成立させ、その基礎となっているコミュニティはけっきょくのところ制度として形成されるものではなく、人格的各自の自律の道徳によって成立し向上し得るものであると考えるコールの見解に対して中島重は全幅の賛意を表している。

五　多元的国家の具体案　――ラスキの「多元国」とコールの「共同体」

二十世紀の初期からイギリスには新しい国家論が生まれて来た。その出発点は「国家というものは自由な個人の結合によって造られる団体の一種に過ぎないものと考えるもので、この『国家』と『全体社会』とを峻別する観点に立つ」地点にあった。ここではラスキの「多元国」とコールの「共同体」を取り上げてみよう。

ラスキも英国の新国家論につながる理論家であるが、彼は之を基礎にして国家改造の案をたててそれを「多元国」と呼んでいる。

彼の著書 Authority in the Modern State, 1919. においては「社会には国家及びそのほか多数の団体が共存して居って権力は其職能にしたがって各々に分割されるべく、国家は消費者を代表すべく労働者団体は生産者を代表すべきである」[36]と主張した。

そしてラスキは「各団体は併設して居ってその間の関係は自然の協調に委して可なるべしとして此等すべての団体を統括するところの優越団体のことについては何等言及する所が無いのである。斯くの如き立案はコールの Self-Government in Industry.1919. の段階に在るものであってギルド・ソーシアリズムとしては初期の思想に属するものという事ができよう」[37]と中島重は見ている。

ところがラスキの「The Pluralistic State に表れたいわゆる『多元国』なるものはこれと大いに異なる。此処では従来の国家や其他之と共存せる諸種の団体などすべて一括した全体を以て国家としている。ゆえに今度は国家そのものの構造が多元的となっているわけであって、地域的職能的両要素より組み立てられた複雑なる一種の連邦国である。従来の国家に相当するものは、此の新組織体のうちに於いては政府は government と呼ばれている。したがって前は国家が其活動について責任を負ふべしとされたものが今度はそれが政府という言葉を以て言い換えられてある。従来の一元国が中央集権的で上下の段階組織になっているのに対して、来らんとする『多元国』は之と反対に分権的であって平等の並列組織になっている。斯くの如き権力分権主義の実現に依りて初めて行政の能率は上り、個人の自由は確保せられる。中央集権的行政は画一的機械的に成りやすい。又あまりに中央機関に事務が集積するために目前の喧しい問題のみに注意を奪われて、必要なれど而も何人も別段喧しく言はない方面のことは閑却され勝になる。又個人は服従の最後の根拠を自己の良心の判断に置くべきであってそれが為に国家内に於いて個人に最小限幾つかの基本権が承認せられねばならぬ。例へば言論の自由、最低賃金、相当なる教育、適当なる閑暇、結社の自由などは絶対に必要なことは明白である。

此等に対する基本権は国家以上の根拠を有するもので自然権といふべく人格の尊厳そのものに基づくものである。国家存在の窮極の根拠は斯の如きものを確保することにある。そしてこのような基本権の保障は権力分立の下に於いてのみ可能である。又このように国家を分権的に組織しておく時はすべての公民をして国家の仕事に興味をおぼえしめ従来の如き受動的無関心の態度を変えて活発に他の能動的態度に出でしむることが出来る。能動的にすべての人が責任を以て各一方面の職能活動を分担することにより各自に自由創造の天地は開け人格的能力は完成せしめられるのであると。[38]」

中島重によると、ラスキの初めの考えはギルド・ソーシアリズムの初期の思想に類似しているが、後の「多元国」なるものは、ギルド・ソーシアリズムの成熟期の思想たる中島重の「職能連邦国」に類似していると述べている。

（一）コールの「共同体《コンミュン》」

コールの考えは個人を出発点とし、その個人が職能の線に沿って結合して各種団体をつくると観るが、その社会組織は著しく分権的となっている。その内容は全国を三段階に分ける。

1　地方制度

最少は「地区」、次が「地方」（regional）、第三が全国である。地区は市部と郡部（township）からなる。市部と郡部が多数集まって一つの「地方」を形成する。[39]

2　ギルドの種類

ギルドの種類の第㈠は生産に関する産業ギルドであり、

地区、地方に各ギルド会議、全国的には連合会議がある。

次に郡部の方では㈡農業ギルド、生産に準ずるものとして㈢公共ギルドがある。すなわち公共的奉仕ギルド・教育ギルド、保健ギルド、があり、これらを総称して公共ギルドという。

㈣消費に関しては個人的家庭的なものには消費組合、電気・水道のようなものは公共利用会議、また教育その他一般教養事項の利用は教養会議、医療の利用については保健会議を置く。

そこで市部の最小自治体として第一産業ギルド会議㈠、第二消費組合会議㈠、第三公共用会議㈠、第四公共的奉仕をする人の公共ギルド若干、第五教養会議㈠、第六保健会議㈠からなる。

すなわち六種の職能団体の連合より成立するわけである。

これらの聯合体をコールは「共同体」（コンミュン）と呼ぶ。[40]

「共同体」の仕事は五つの事項からなる。

第一はその地区内の資源収入などを各団体に割り当てて各職能活動の為の消費に充てること、

第二に、各職能団体間に政策上の意見の不一致があった場合の決定、

第三に、各職能団体間の分界線上において争いの起こった場合の裁決、

第四に、いずれの職能団体にも属しない事項例えば市部の境界変更とか或いは公会堂の新築とかいう如き事項についての提案、

第五に警察司法の強制作用を行うことなどである。[41]

「地方的共同体」の構造は「地区的共同体」の構造を大きくしたもので大体に於いて同じである。ただ代表は間接代表となり、地方の職能団体の代表の中から互選して出す。そのかわりリコールの制度を設ける。[42]

「全国的共同体」は地方的共同の代表から互選で選ばれて構成する。しかしこれまでと若干違うところがある。例えば全国的共同体に於いては第三の各職能団体間の分界線に関する問題を裁決することは社会組織全体のもんだいとしての「憲法」問題となる。また第四の他のいかなる職能団体にも属さない仕事の中には「宣戦講和の権」、「陸海軍の直接統率権、対外関係に於ける主たる代表権」などが入って来る。また国内の境界問題のほかに領土の問題植民地の問題などがあり、その他個人間の関係規定に関する問題がある。第五の事項としては全国共同体に於いては自己内部の個人及び諸種の団体などの反逆的なるものに対して最後の手段として強制力を加えて服従せしめねばならぬことになる。[43]

次に教会を始め精神的事項に関する職能団体は全く此の組織に入らずして特別の位置に立つものとされる。[44]

ところでこの案では従来の国家はどうなるかというと、何等の職能も配当していないので、従来の国家は死滅するという。もし全国的共同体を国家と呼んではどうかというとコールは別段それに反対はしないという。ただし新国家は決して従来の国家の継続でないこと、および新国家は決して従来の国家の構造を再現しているものではなく、全然別種の構造を持っているという点である。[45]

このコールの共同体について中島重は、これは中島重が別に論述している「職能連邦国」の最も典型的なものであると評している。

六　中島重の多元的国家論

中島重は英国における新国家論を研究の上、六章㈢で自身の多元的国家論を記述している。次にこれについて述べておこう。

㈠　国家の五つの根本的性質

1　職能

国家は職能活動を行っている。ここで職能とは一定の目的を負担し、職分として之を遂行することを言う。職能活動の基礎には必ず一定の目的がなくてはならないが、この目的とは何であろうか。

2　目的

国家の職能活動の基礎には四つの目的がある。㈠外部に対する共同防衛の目的、㈡内部に於いて安寧共存を保障する目的、㈢或範囲、或種類の物質文明を増進させる目的、㈣精神的文化の発達条件を設定する目的である。

3　組織

次に国家はこの共同目的と職能活動を可能ならしめるための組織を持っている。君主、大統領、内閣、議会、裁判所、行政官庁等の機関が存在して各一定の権限の範囲に於いて職能活動を分担しており、その統括、被統括、併存、分業等の関係が存在し、これらを規定して可能にするために法が存在している。

4　限界維持

さらに国家には一定の限界がある。所属員と非所属員の別があり、所属員に対しては権利を与えて義務を負わせる。非所属員には義務がない。

5　国家は構成員が国家を維持発展させようとする意志の合致によって成立存続する。(46)

(二) その他の特有性

国家には右の外になお重要な特有性がある。

1　一定の地域に定住する人格者によって構成された団体である。

2　強制団体としてその所属個人に対して統制を加えるだけでなく、所属個人がべつに組織する諸種の団体に対して強制手段に依る統制を加える事実がある。

3　国家には主権があるとされるか、または自己固有の組織力支配力があるとされている。(47)

(三) コミュニティ

国家をはじめすべての団体の構成員は比較的に見て他と区別されるような形で一体性を形成しているが、国家そのものでもなければ商事会社などの団体でもないものがある。それは国家などの成立の基礎となり土台となるもので、これをコミュニティと呼ぶ。

コミュニティには団体のような明確な限界はない。又組織もない。慣習と道徳律とが存在するだけである。コミュニティは人々の合意に依って出来たものではない。

人格者と人格者の間の本来的、根本的な関係を基礎として自然にできた社会関係である。

1　コミュニティの性格

さらにコミュニティには団体のように一定の職能活動もない。またこれには一定の有限の共同目的はなく人生の窮極の目的そのものが目的である。

2　コミュニティ対アソシエーション

このようなコミュニティとしての民族の上に国家というアソシエーションが存在する。又教会(アソシエーション)には同じ信仰の伴侶からなるコミュニティがある。同じように労働組合（アソシエーション）には同じ職業を基礎とする労働者の集まりとしてのコミュニティがある。これらのコミュニティとアソシエーションのすべてを含む総体が「全体社会」である。

3　コミュニティとアソシエーション

無限のかなたにあるものに向って目的を共通にする意味でコミュニティもまた一種の目的的一体たるに外ならない。

アソシエーションは眼前卑近の所に共同目的をあげて手っ取り早く人格の一部を以て統一体を作っている目的的一体である。

コミュニティは無限のかなたに完全無欠の一つの物を実現することを共同目的としているがため人格直近の周囲に於いてそれぞれ緊密深刻で全人格的関係を作っているにかかわらず、全体として何等の統一もなくただ人格者の併列的連鎖に過ぎないものの如く見られる目的的一体である。

いいかえると極限において一つとなるべきで、しかも経験的には多数の人格が、種々の機縁に制せられて、他と区別するべき形において一団を形成し、無統一、無組織であるが深さにおいて全人格的な社会を現出しているのがコミュニティである。

このコミュニティに属する人格者の卑近な共同目的を達成する為に各人格者の一部分をもって、手っ取り早く確実有効な統一的組織体を形成しているのがアソシエーション(48)である。

(四)コミュニティとアソシエーションの関係

コミュニティの目的は人格の完成そのもの、人生の窮極目的そのものである。

コミュニティの本分は人格の道徳的向上発展などである。人格は目的の束であるが、あらゆる目的は相互に手段と目的との関係に於いて連結されている。あらゆる目的はそれだけ独立に見れば目的であるが、他の今一段先の目的なるものもそれだけで独立にみれば目的である。さらに今一段先の目的に照らしては手段と見られ得る。こうして目的は無限の連鎖を作って統一されている。もしこの無限の連鎖の最後の窮極が人格の外部に逸出すれば人格はもはや人格ではなくて他の何等かの外部目的のための手段たり道具たるに過ぎないことになる。しかし人格はすべての目的の帰趨たる窮極の目的を自己自身のうちに包含しすべての目的は人格そのものの完成に貢献する手段である点に於いて人格の人格たる本質が存在する。こうして人格は自然と万物との主であり、すべてに価値を与ふる標準であり根底である。

人生百般の局部目的はすべて人格完成の手段であり手段として評価されるべきものである。この意味においてすべての団体の中心をなす共同目的なるものもそれだけ独立に見れば目的に他ならないが、これを人格の完成に照らして見るときは手段に過ぎない。

それゆえ、すべてのアソシエーションはコミュニティの発達の手段としてのみ存在意義を有し得るものである。国家も決して例外ではありえない。ほかの団体と同じく国家もコミュニティの発展、そして人格完成の手段である。国家その他の団体はコミュニティの手段たる点に於いてその存在が承認されてその価値が評価される。国家の規則である法をはじめ団体規則はこの点からだけで尊守される根拠がある。

自律の人格者が国家またはその他団体の規則を遵守するのは、国家またはこれらの団体がコミュニティの発達、人格の完成に貢献するからである。[49]

この中島の多元的国家論をよんで筆者が感じることは中島が何よりも先に優れた社会学者であったという点である。高田保馬が次に揚げる追悼文に「同志」と呼んだ言葉の意味がここで良くわかる気がする。

中島は法理学者である前に優れた社会学者であったが故にスペンサーをもとに『多元的国家論』を書けたのだと思う。

次に中島の理論のもう一つの核心はマッキーバーのコミュニティ論にあることが明らかにされた。これほど具体的で現実的なすぐれたマッキーバーのコミュニティ論が大正十一年（一九二二）に書かれていたのである。

大道安次郎がギディングス・チェアを継承したマッキーバーをコロンビア大学に訪ね、一年間、一対一で教えを受けて帰国したのは昭和二十六年、筆者が関西学院大学社会学科に入学した年であった。そのためか大道は大学院ではマッキーバーの著書をテキストに使用され、また翻訳を企画されたこともあった。

筆者は大学院ではパーソンズを専攻したが、アメリカ留学を機に「都市化」に専門を変更したため「コミュニティ」を主題とすることになった。「コミュニティ」と聞けばとても懐かしく厳しい思いにとらわれる。

七　追悼　高田保馬

（中島重の死去に際し京都大学の高田保馬教授が関西学院大学新聞に追悼文を載せた。）

社会的基督教者　中島重教授――貫く信念『多元的社会観』　高田保馬

小松堅太郎教授からの来信に中島博士も健康回復を待って同志社に講義を始められるのであろうとあったので、近くそのことがあるものと期し、心からその日のくるのを待っていた。（中略）

五月末小松教授来訪し、中島博士の訃を伝えられたので、弔問にいったが、博士の目は長へに併し、安らかに閉じられてあった。こんなことならば、度々お見舞い申し上げるのであったといふ後悔が繰り返される。

中島博士は私にとって学問上の誠の同志であった。私は研究の範囲を取り広げたから分野を同じくする友人が極めて多い。但し学問の上で同志という気持ちを持って交わる人は少ない。かういふ事情から同博士の死が、誠に寂寥の感を深からしめる。同博士は法理学や憲法学の人であり、従って多くの同攻者を有してゐられることであるが、恐らくはその学説の最も特異なる一面として自信を持ち矜持を感じていられたのはその多元的社会観であったろうと思う。学会の信望篤かった同博士を奪ふべからざる個性の人としたものには、その学問の社会学的色彩を言うこともあるであろうが、同時に躁守変わることのなかった多元的社会観があった。戦時に於いてあれほどの強制を加え、あれほど多面に個人の生活を支配していた国家も、その本質上からみて全体社会ではなく、唯その一部分に過ぎず、他の集団に対して対等な地位をしむるにすぎぬ。こうゆう意見が権力の地位にあった人々の好感を招くわけはない。しかも博士のこの立場は二十五年を通して貫かれた。

　私がこの多元的思想を抱いたのは「社会学原理」（大正八年）以来のことである。けれども「社会の全体と部分」（『社会学原理』九二八頁）の論述において、それはまだ明確とは言いえなかったであろう。中島博士の研究に教示と刺激等を受け、博士も私の社会学説を参照されつつ、われらは――と敢えていふ――この多元的社会観を取って代わらなかった。英国における多元的社会観の主唱者ラスキもマッキーバーも国家地位の優越の承認の方身に動いた後においても我等はかわらなかった。この意味において博士は諫の同志である。私も博士にとっての同志であったはずである。小著「民族論」に関して寄せられたる私信からもそう確信している。今後私はこの社会観の唯一の支持者であろう。私は学問的魂を身に付けて奮闘しつつこの立場を貫きたい。（中略）

　会って話していると温雅重厚ともいうべき資質であったが同時に気節の人であった。博士の学問的主張に対して批評を加えようとする人でも、その操守の堅固、高潔の気品に頭を垂れざるを得なくなったであろう。キリスト教的信念はその人格を作り上げたであろうが、そればかりではない。その学問の方向にも無影響ではなかったようである。神の学理を信ずる博士にとっては社会の発達が社会化の信仰を意味せざるを得ず、コンドルセ的の無限完成の法則を考えられていたようである。私はそれに対して若干の異論を持ち出す前に、そこに信念の光輝をみるべきであると思っていた。

　世俗的の友好はそれほど深かったとはいえぬが、魂の結びつきは強かった。私は博士に別れて学問上の孤独を感じることであろう。それと同時に学説支持に関する責任いよいよ加わるのを覚える。社会学の故郷に帰りたいと思うわたしは、近く筆硯を新たにして我らの学説の城をかためたい。（六月十五日夕）

むすび

1　第二次世界大戦の最大の悲劇は全体主義国家ドイツのナチズムが遂行したユダヤ人に対する「ガス室」による大量処刑であった。

それに対して自由主義国家イギリスとアメリカはヨーロッパと太平洋において辛苦をなめながら第二次大戦を勝ち抜き、さらに米ソの冷戦にも勝利をおさめてソ連邦を解体に追い込み、自由主義国家の優越性と安定性を示している。このような二つの世界大戦以降の世界近現代史は「多元的国家論」に対してきわめて望ましい状況であるように思われる。

2　しかしながらこの多元的国家論はそれほど大きな広がりを見せていない。それは何故であろうか。

それは議論の展開がどうであれ、二十世紀の「世界の状況」がそれを許さない重苦さを持続しているからである。二十世紀に入ってから二度も世界規模の戦争が戦われ、おびただしい数の死亡者を出した。その戦争によって直接の責任を負うのは国家である。たとえ株式会社型の国家であっても戦争の責任から逃れることはできない。自由の国英国も二度の大戦から逃れることは出来なかったのである。むしろナチス・ドイツの侵攻を防ぎ、国家をあげて〝バトル・オブ・ブリテン〟を勝ち抜いたからこそ、第二次世界大戦の勝利をつかむことが出来たのである。

第二次世界大戦は独・伊・日の「三国同盟」と米・英・仏の「自由諸国同盟」の決戦であったが、いずれの国も戦争から逃れることは出来なかった。そもそも戦争は国家の第一の役割であって「国家株式会社説」をとる論者の多いイギリスといえどもこれを免れることは出来ないのである。そこで世界大戦争が続く限り自由の国といえども武装を強化し戦争に備えなければならぬ。こうしてサッチャー首相といえども国家のためにフォークランドと戦ったのである。

3　それならばなぜインターナショナリズムと世界平和をすべての人が強く願望しながら世界戦争はなくならないのであろうか。

それは中島が説くように、国内には法が支配し、法によって戦争や殺し合いを阻止する手段が制度化されているが、国際間には「公権力」がいまだ十分に有効には制度化されていない為である。第一次大戦後の「国際聯盟」や第二次大戦後は「国際連合」が存在し、ある程度の働きをしているが、戦争突入を抑制することには成功していないし、国際紛争の抑制も十分に成功しているわけではない。安全保障理事会の常任理事国は先の大戦の戦勝国が独占し事ごとに拒否権が発動され、世界政治の大部分は戦勝国の都合で動かされている。国内には法が支配していても、国際間は依然として「自然状態」がそのまま続いている。

そこでアメリカ大統領ブッシュがイラクのサダム・フセインは生物化学兵器を所持しているからという理由で攻撃することを阻止することは出来なかった。国際間は依然として「自然状態」である。

4　そのようなわけで、国家は一種の株式会社に過ぎないと理論的に述べてみても、国家に外の団体が担うことの出来ない固有の役割すなわち外国からの攻撃に対する防衛と国内の治安の維持があり、これらは他の役割とは比較を絶する程重いのである。

そこで「多元的国家論」は議論としては真実であっても現実性の乏しい論にとどまっている。

しかしながら交通通信の手段が飛躍的に発達し、「国際化」は急速に進展しつつある。また「世界平和」もすべての人が求めてやまないものである。国際連合の役割も次第に重要さを増している。そこでいつの日にか世界全体に法が支配する時代がやってくるのであろうと期待されているものの、残念なことに国際社会に法の完全な支配が到来する時期を正確に予言できる人はいない。

[注]

(1) 中島重『多元的国家論』二条書店、大正十一年、一二五〜一二九頁。
(2) 同、一三二頁。
(3) 同、一三三頁。
(4) 同、一三三〜一三四頁。
(5) 同、一三四頁。
(6) 同、一三五頁。
(7) 同、一三五〜一三六頁。
(8) 同、一五頁。
(9) 同、一六頁。
(10) 同、一六〜一七頁。
(11) 同、一七頁。
(12) 同、一七〜一八頁。
(13) 同、一八頁。
(14) 同、七頁。
(15) 同、八頁。
(16) 同、八頁。

(17)同、一九～二〇頁。
(18)同、二一頁。
(19)同、二一頁。
(20)同、二一頁。
(21)同、二一～二二頁。
(22)同、二二頁。
(23)同、二三～二四頁。
(24)同、二四～二六頁。
(25)同、二八～三〇頁。
(26)同、三〇～三二頁。
(27)同、三二～三七頁。
(28)同、三九～四一頁。
(29)同、四三～四五頁。
(30)同、四四～四五頁。
(31)同、四六～五五頁。
(32)同、五七～七二頁。
(33)同、七三～八七頁。
(34)同、八四～八九頁。
(35)同、八七～九一頁。
(36)同、二六八頁。
(37)同、二六八頁。
(38)同、二六八～二七〇頁。
(39)同、二七二頁。
(40)同、二七二～二七三頁。
(41)同、二七四頁。

(42) 同、二七五頁。
(43) 同、二七六頁。
(44) 同、二七六頁。
(45) 同、二七六〜二七七頁。
(46) 同、二一八頁。
(47) 同、二一九〜二二二頁。
(48) 同、二二二〜二二九頁。
(49) 同、二二六〜二三一頁。

二章　海老名弾正総長と中島重教授の栄光と苦難

中島重は高梁教会の信徒の家庭に育ち日曜学校や高梁教会に通って二十二歳の時、溝口貞五郎牧師によって洗礼を受けたが、その後東京大学の法学部で学ぶと共に、東京では本郷教会に属して海老名牧師に師事し、同時に同教会の雑誌「新人」に参与した。

中島重は二人の師に大きな影響を受けている。一人は海老名弾正牧師であり、他は賀川豊彦である。

ここでは海老名弾正についてみてみよう。

一　海老名弾正と熊本洋学校

海老名弾正は筑後柳川の藩士の子であり、没落士族の子として育った。八歳の頃に母親に「お前は殿様の為に死なねばならぬ」(1)と教えられ、「私は死ぬ為に生きるのだ」(2)と自覚したという。しかし明治維新によって生命を捧げる対象を失い精神的死を意味する深刻な喪失感を味わった。

そのような海老名に新しい目標を与えたのは洋学の勉強であった。海老名は藩の改革者で横井小楠の流れを汲む池辺藤左ヱ門に学び、彼の紹介状を持って小楠の系統の竹崎茶堂を通じて受けた熊本洋学校の入学試験に合格した。学校が始まる九月までは竹崎塾で陽明学を学び、一八七二年（明治五年）九月、熊本洋学校に入学した。

この学校は米国の南北戦争に従軍したL・ジェーンズ大尉を招いて開設されたものであった。ジェーンズは近代的な学問を教えるとともに学生を寄宿舎に入れてキリスト教的人格主義教育をほどこした。

ジェーンズは暫くすると希望する者を集めてジェーンズ宅で聖書の輪読会を始めた。海老名はその会合で回心を遂げた。ある日ジェーンズは聖書を読み終わった時、荘厳な態度で祈りについて、それは創造者に対する我々の職分であると言われた。之を聞いた海老名は突如光が見えて叫んだ。「祈祷は職分であったか、私は職分を怠っていましたか、すみませんでした。」[3]この体験によって海老名は別人となった。こうして海老名は新生した。彼はこの経験でみずからキリスト者となる決心をしたが、友人と話し合ったわけではなかった。

しかしこの年の秋になると生徒の間にキリスト教に対する求道熱が高まり、ついに明治九年一月三十日、自然発生的に花岡山の山頂に集合して奉教の結盟を行った。

これが学校や父兄に知られると大騒動となり大小様々な迫害が起こり最終的に学校も閉校になった。

海老名は郷里が離れていたため、呼び返されることもなく、七月学業を終えた。帰ると海老名は父に京都に出て勉学を続けたいと訴え、学費は出さない約束で許しを受け九月に同志社に編入学した。

二　同志社への進学と二度目の回心

同志社の在学中で最も重要なことは、彼の第二の宗教体験である。一八七八年（明治十一年）の夏過ぎ、彼は心身ともに衰弱し特に視力が衰えて医師に回復の見込みなしと言われた。そこでもっぱら瞑想と内観を続けた。ところがその途上で「仙洞御所の池の畔、大樹の下、ゲッセマネーにおけるキリストの祈りを捧げた。この時あたかも神の赤子が衷心に誕生し居るを自覚した。この時より、我は神の赤子となった。……」[4]という体験したことである。

ところで海老名の思想はまぎれもなく自由主義的キリスト教である。それは儒教的道徳の根幹である孝の思想との類比で考えられており、父子有親の情誼を単なる倫理から宗教の域に高めたものといえよう。

このあと、㈠安中教会牧師、㈡東京本郷講義所、㈢熊本の教会・熊本英学校長、㈣日本基督伝道会社社長、㈤神戸教会牧師の時代があるが紙幅の関係で省略した。

三　東京本郷教会

海老名は神戸教会で成功を収めたが東京では組合派は金森通倫（番町教会）が脱落し、横井時雄（本郷教会）も信仰が冷却して欧米留学のため日本を去ったので、著しく教勢が衰退していた。そこで海老名は東京で開拓伝道をする必要があると考えた。明治三十年五月二日神戸教会に辞表を出し、東京に向った。この度の上京は海老名の個人的意志によるものであったため組合派の本部では心よくは支援しなかった。

この頃エール大学から帰国した横井時雄は同志社の社長に就任するため京都へ立ち去ったため、本郷教会は三十年九月一日に一旦解散したが、一部会員のみ残ったから、海老名は少数の会員と譲り受けた会堂をもとに伝道を開始した。しかし彼は意気盛んに日曜の教壇の説教に主力を注いだので、聴衆は最初三十名足らずであったが、年の暮には聴衆二百七、八十名となり東都第一の盛んな活況に満ちた教会となっていた。

ところが三十一年三月二十日に本郷に大火が起こり彼の教会も住宅も消失したがひるむことなく三十四年まで三年半をかけて自身の会堂を再建した。

明治三十三年に特記すべきこととして海老名を主幹とする雑誌「新人」の創刊がある。それは会員の連絡機関と教育月報をのせるものを企画したがやがて雑誌の方が良いということになり、山本忠美牧師が編集に当り、当初はそれほど成績はかんばしくなかった。

ところがその年の秋、熊本出身の三沢糾が献身的に「新人」の編集を始めると俄然「新人」の面目は一新し雑誌としても天下の耳目を集めるようになった。この働きによって、東大の優秀な学生、吉野作造、内ケ崎作三郎、小山東助、栗原基、などの人物が海老名の周囲に集まって「新人」を援助した。そこで海老名の教会はさながら書生の教会とみられる程であった。[5]

四　海老名弾正 対 植村正久の神学論争

一九〇一年（明治三十四年）、神学思想をめぐって植村正久と海老名弾正との間に論争が展開された。海老名は「キリストは神からみると子であるが、人からみると神である」[6]とし、神と人との間の「父子有親」[7]という父子関係を強調した。これに対し、植村はオーソドックスな福音主義的キリスト教の立場を堅持した。そして「福音新報」の中で「神が人となって世に下り、十字架の上に死んで人の罪を贖ったことを信じる」福音主義の立場について、福音同盟会が明確にしないまま、新神学、自由神学の主張をそのままにして伝道するから問題が起こるのだと問題提起した。

これに対して海老名も「新人」において「神人となりて世に下り」とは何かと質問し、三位一体説について疑問を呈した。

土肥昭夫によると「元来海老名にとってキリスト教の本質は教理、信条ではなく、キリストの生命であり、霊能であった。したがって彼は最初からキリスト論や三位一体論の伝統的教理を弁護する意図をもたなかった。むしろ彼の出発点は神との父子有親の関係で有り、神人合一の境地であった。彼にとってキリストはその究極的完成者であり、その意味で神の子とか神性をもつものである」(8)と評している。それによって「徹頭徹尾自らの宗教体験に立脚して自由主義的、歴史主義的キリスト教を提唱しつづけた海老名の神学的立場の問題も明確になった」(9)と見ている。

一九〇二年、福音同盟は海老名を除名処分にしたが、かえって安陪磯雄、松村介石、島田三郎、木下尚江、巌本善治、押川方義といった人々の理解と協力を得て彼の教会の教勢はこの論争の結果かえって伸張していった(10)。

五　同志社総長の栄光と試練

海老名は大正九年四月から同志社総長に就任し八年八カ月勤めた。前任者の原田助校長の末期には改革派と非改革派の対立衝突が生まれ大紛争となり、不信任が決議されて原田校長が辞任した後であったから憂慮されたが、海老名の就任と共に長い間の紛争も急速に治まり、校風はふたたび揚がり、名総長とみなされ、第一回の任期が満了するや、大正十三年に再び総長に選ばれ、大正十五年の改選期には三度選ばれ、同志社のみならず日本の教育界全般においても重きをなした。まさに海老名は栄光に輝いたのである。

海老名が総長に就任した大正九年は大学令によって慶応・早稲田など八つの私大の一つとして同志社も大学となった時期であった。

彼は同志社就任に際して、同志社の伝統とその発展を願い、自らの教育理念をこめて次のように教育方針を示した。
1 キリスト教に基ずく人格主義の教育
2 同志社の校風である、自由主義、自治主義に基ずくデモクラシーの高調
3 国際連盟の精神と一致する万国共存主義の高調（これは愛国心を加えたインターナショナリズムである）
4 男女平等に基ずく男女共学の主張　の四つである。[11]
土井昭夫によると同志社における海老名の業績の第一は法学部の充実であるという。[12]この年、恒藤恭等の努力によって「同志社論叢」が発刊されたが、つづいて海老名の本郷時代に教会に所属したり「新人」の同人として活躍した人たちが大学の質的向上に尽力したという。それは中島重、今中次麿、山本亀市、古屋美貞、住谷悦治等である。彼等は海老名の自由主義的キリスト教に感化を受けて人格主義に共鳴し、大学内におけるキリスト教活動や学問の向上に大いに貢献したという。特に中島重の役割が特筆さるべきことであるが、これについては後に詳論する。

次に海老名の国際的精神を現実化する国際連盟協会同志社大学学生支部会が一九二四年五月に結成されている。支部長は中島重、副支部長は今中次麿で顧問に海老名がついている。

さらに海老名が理念としていた男女共学が同志社で実現した。同志社女学校専門学部英文科卒業生は大学のいずれの学部にも無試験で入学出来るように学則が改正された。ここに同志社の先進性が明らかになった。[13]

六　同志社騒動と中島重の受難

そんな時、昭和三年末不慮の火災に端を発して、学園に騒動が起こり、中島重もその渦中に巻き込まれ、十三年間

にわたって心血をそそいで教育と研究に打ち込み、学生達に慕われたにもかかわらず遂に同志社をさることになった。中島重本人にとっては勿論のこと同志社にとってもまことにかけがえのない大きな損失であった。

ここではその悲劇について、同志社百年史（通史編1・2）および「同志社の思想家」の中の竹中正夫の「中島重」をもとにして考察してみよう。

（一）問題の発端

「同志社百年史（通史編1）」の「海老名総長」には次のように書かれている。

「海老名弾正の総長辞任は突然のアクシデントが原因であった。一九二八年十一月二十三日の夜半、有終館予科教室より出火し予科教室の一部を焼いて鎮火した。

火災事故が発生したとき、海老名は京都に不在で、広島地方での伝道旅行中に患った大患を同地の病院で入院加療中であった。病気の治癒に約三カ月を要するという診断であったので、総長の病気不在中の事務総括は、中村栄助が臨時代理としてとりおこなうことが、すでに決定されていた。総長不在の時、しかも歴史的な天皇の即位式が挙行（十一月十日）されてまだ天皇が御所に滞在中の出火という奇禍にすっかり恐縮した理事会は、当日、早速在京理事会を開いて、善後策を協議した結果、十一月二十五日、臨時理事会を開催して、総長以下全理事並びにに監事は、責任をとって、総辞職することになった。

なお十一月二十四日には全同志社教職員学生生徒一同は、神学館前広場に集まり御所の方角に向かって、三分間最敬礼して陳謝の意を表わした。そうして、また、中村総長臨時代理以下各学部長学生監各学部学生会代表等二十二名が建礼門前に参趨の上一同整列数分黙礼奉謝の意を表」[14]わしている。これは学校当局の「恐懼措く不能」ざる様子が目に見えるようである。

理事会が総辞職したため同志社は機能しなくなり、昭和三年十一月二十八日に理事選挙が行われたが、新しい理事は二人だけであとはみな旧理事会のメンバーであった。

ところで先の総辞職は、社会に対して責任を表明するためのものであったから、二名を除いて他は皆再任ということでは十分に責任を取ったことにはならないのではないかというのが一般の評価であった。

同志社校友同窓会報には次のように書かれていた。「旧猟行はれた同志社理事の補欠選挙は、我等の主張を全然裏切って、却って煩雑な手続きを繰り返して社会を欺瞞する結果を招くの不首尾を我等の前に展開した。（中略）我等は先に、一つの選挙理想をかかげて、理事改選の社会的意義を徹底せしめんとしたのに対して、選挙の結果はその選挙理想を全然没却したものである。（中略）我等はこの意味において、あの選挙の結果を誠に遺憾とする者である」(15)

当時中島の属する法学部の少壮教授団は失火事件に際しての理事の辞職はその当時の社会に対する謝罪的意味においてなさるべきだという主張をしていたから同一人物が再選されたことに対して反対であった。

さらに昭和四年四月、理事会は、総長に九州大学総長大工原銀太郎を迎える決定をしたため、海老名を慕う学生、教職員たちの間から理事会の決定に対する反対がおこり、二週間にわたる学生のストライキまで起こるにいたった。

（二）　紛争の発火と拡大

以前から海老名総長と理事会の間には不協和音が存在した。それは主に財政の立て直しをめぐって発生したが、海老名のアメリカの募金活動の不振や理事たちの海老名の財政能力への批判といった要因も加わって顕在化しつつあった。それに加えて、中村栄助総長事務取扱時代に岩倉校地が購入され、専門学校と高等商業学部を今出川校地から岩倉に移転する大事業が実行されたが、その際非難されるべき不正があったというウワサが流布されていた。

ところが同志社大学の「学生新聞」がこの土地問題を攻撃したことからこの紛争に火がつくことになった。

理事会側はこの動きを海老名総長支持の「中島一派およびマルキスト」の「総長引留め策」であり、理事会の新総長（大工原銀太郎）選出への妨害であると考えて反撃に転じた。理事会の反撃はまず「学生新聞」に関係してきた法学部の若手教員（高橋貞三、高橋信司両講師）に理事会決議として「自発的な辞表提出」を要請した。

さらに能勢克男に対しても辞表提出を要請し、三名を解雇した。

（三）　中島重がとった行動

中島にとって海老名総長は旧第六高等学校の学生時代に初めて講演を聞いて以来、東大の学生時代にも海老名主宰の「新人会」に属して活動し大正六年同志社への就職も海老名の支援を受けている。大正九年に海老名が同志社大学総長に就任して以来、結束して同志社発展の為に尽力して来た、尊敬おくあたわざる先生である。また解職された法学部の三人も理事会のやり方を批判する申し合わせに共鳴した同僚であった。

一方において総長辞任と他方に置いて岩倉の土地問題をめぐって同志社にはのっぴきならぬ対立が発生した。中島重はこの中にあって、自己の信念に従い、正しいと思う道を敢然として貫き通した。

中島重は法学部の教員と話し合って十三人（中島重、能勢克男、住谷悦治、難波紋吉、林要、宗奏圭三、和田武、石田秀一郎、高橋貞三、高橋信司、長谷部文雄、松山斌、田畑忍）をまとめ、法学部の三教員に辞職を迫った理事会のやり方を批判する声明書を発表した。

これに対して法学部の五人の教員（古屋美貞、河原政勝、瀬川次郎、村井栄十郎、野村重臣）は中村栄助総長に辞表を提出し、中島重一派の批判を展開した。それによると、㈠中島重等は西村理事排斥の長文の声明書を配布し、即刻署名を要求した。㈡やり方に納得出来ないので署名を拒否したら、退出を求められた。㈢文書には法学部のある教授は学生環視の中で、宗教主任堀貞一氏に暴力的な態度をとった、などと書かれていた。[16]

紛争が次第に深刻化していくのを見た中島重は一度は和田（武）法学部長のもとに辞表を提出している。ところが対立する両派を調停しようとする校友たちの動きも活躍になり、石川京、中瀬古六郎ら「先輩団」も活動し始めた。

そこで中島は辞意を翻した。その時の思いは「私どもは此の運動が同志社将来の進路の決定にとりて重大なる意義あるものなることを確信して居る。同志社精神の為の啓蒙と戦とは寧ろ之より始まるといふべきではあるまいか。（中略）理事会の弾圧下に於て真剣に深刻に持久的に。私は斯く考ふるに至りたるが故に茲に学生大会の留任決議を容れて辞意を翻し心機一転して更に此の精神戦を続行せんとするものである」[17]

中島としては調停団への委任は決して本意ではないが次善策として止むを得ないものと考えたのである。

㈣　理事会の処置

理事会は中島重に対する辞職勧告の処分方針を決め、審議決定は法学部ではなく連合教授会三十八名でなされた。それは法学部だけでは処分反対者が多かったからである。

総長事務取扱の提案は「中島教授は大学の秩序を妨げるものなる故に理事会に於て之を解職することとなれり。之について諸君のご意見或は質問の有無を諮る」として審議された。そして一部に慎重論や法学部教授会への差し戻しすべきといった理事会決定批判もあったが、結局のところ、採決の結果は可とするもの三十、否とするもの五、棄権三によって解職は決定した。

（五）中島重の感慨

中島重は政治的な工作などにはうとく、かねて純粋に生一本に生きて来たので、解雇と辞任の区別もあまり知らなかったという。連合教授会が開かれた前夜、当局の意図を個人的に代表した某氏が中島の処を訪ね彼が辞表を出して事を穏便におさめることをすすめたときも中島は解職も止むを得ないという態度をとった。この間の事情について彼は次のように述べている。

「わたしは此の時、解職というものには退職金は一文も付かないのであるということを初めてハッキリと知りました。しかしわたしは依然として和田法学部長の好意をも無にして頑張り通してついに和田君が自分の好まなかった解職の辞令の方を受け取って終ったのである。

これでついに同志社との長い間の縁が切れてしまったのであると思った時は、さすがに感慨無量であった。思うに解職という処分を受けた者は同志社創立いらい私が始めてではないかと思います。それだけはっきりしていてよろしい。わたしという人間がにわかに狂気したか、または、極悪人に一変したか、または理事会が根本的に間違って居るか、どちらかです。わたしが解職という極刑に処せられて履歴書の表面を悪くしたり、物質的に困窮したりなどするくらいの犠牲はなんでもありません」[18]。

岩井文男の「敬虔なるリベラリスト」のなかには中島重が解職された日のことが次のように書かれている。

「昭和四年に先生が教授を退かれた時には私は前述の田辺町近くの草内村で伝道をしていた。或る日の午後突然先生が私の家に訪ねて来られた。遠い京都から何の用事があって訪ねてこられたのか、何も知らなかった私はびっくりした。その日は充分肌寒い日であったように思う。君散歩しようと先生が先に立って木津川の長い堤を上がったり下ったりして歩き回った。その時ポツリと私に言われた。今日僕はバッサリやられたんだ。さすがに気分は良くないネーと。私はその時初めて先生が罷免されたのだなと知った。それから私の家に帰られて夕食を共にして京都に帰って行かれた。私は田辺駅まで送った。道々二人はほとんど無言であった。」[19]

（六）敵対者の追憶

当時、連合教授会による処分を推進した、南石福二郎は中島の死後、彼の態度の純粋さを認め「故中島重教授を忍ぶ」という一文を「同志社新報」に寄稿している。

「中島氏の胸裡にあった霊と誠をもって神を拝すという、偽りなき心、純真なる信仰、射る矢にこむるますらおの意地というべき熱烈なる学徒の意気が学園多数の学生をして中島に敬倒せしめたのである。

それだけに筆者は中島氏を同志社より去らしめたかの連合教授会に自らその推進者の一人であったことを遺憾とする次第である」[20]

また中島重を慕う学生たちは「同志社の熱愛者であり、正義の戦士であり、法学部の宝である中島重教授の辞職に我が実行委員会は絶対に反対である。吾々はこの度の戦の門出に一人の犠牲者も出さないことを誓った。いまや校祖新島襄先生の像の前で誓った誓いを死守し実現せねばならぬ時が来た」という文書を配布して訴えた。（通史編2一〇七八頁）また他の校友達や学生の一部は「教授の講義は、私どもにとって真理に向っての真の誘導であり、鞭撻であり、鼓舞でありました。私共は時間ごとに真理の聖火によって燃えている人を、目のあたりにみることができるのであります」（通史編2　一〇七八頁）と称えている。

巷間には中島重は海老名総長に殉じたのだと囁かれた。

七　人格者・教育者としての中島重

中島重は同志社の中でも歴史に残る人格者であったようである。『同志社百年史　通史編2』に次のような記述がある。「初期の同志社の学生たちは新島の人格に触れることによって、大きな人間的な感化を受けた事実を想起したい。新島の与えた人格的な感化の力、影響力が消失してしまった時、同志社は同志社たることをやめるのだといえよう。新島だけではない。デービス、ラーネッド、デントン、波多野、培根、堀貞一、中島重、南石福次郎といった教師たちが、いかに多くの同志社の学生生徒に、終生忘れえない感銘を与えてきたことか」（通史編2　一五五二―一五五三頁）

すなわち同志社百年の歴史の中に現れた多数の教師の中で中島重はわずかに八名の中に数えられる程の尊敬すべき人格者・教育者であったのである。

又中島の教え子で後に学長を務めた田畑忍は「高邁な風格と溌剌絢爛たる雄弁と新鮮にして明快なる内容の颯爽とした講義によって、当時の学生に学問的に多大の刺激と人格的な影響を与えた。それだけでなく、その社会的キリスト教主義に徹した信仰と実践によって甚大なる感化を同志社のみならず広く日本のキリスト教の間に残した」（田畑忍「中島重博士の国家論」一頁）と書いている。

また竹中正夫は、中島は長身にして気品ある風格をもち、いつもきちんとした身なりをし、朗らかな声で語り、明るい談笑が彼の周りに絶えなかったと述べ、また同僚の住谷悦治は、彼（中島）は非常に澄んだ目をしていたのが印象的で、黒い服が長身の体に良く似合っていたと語っている。

さらに竹中正夫は中島重について「研究心に富み、諸外国の新しい知識を紹介、才気煥発、明朗闊達な性格をし、絶えず彼の周囲には学生が集まり、その感化力は極めて大きかった」と指摘している。

また竹中正夫によると「中島の感化を受けた者たちは田畑忍を始め、新島学園長をした岩井文男、神戸女学院長を務めた難波紋吉と溝口靖夫、水上隣保館長中村遙、大和商券の専務木村孫八郎、播州曽根に農村伝道をした石田英雄、生野教会の金田弘義、竹内愛二、高橋貞三、嶋田啓一郎、大江直吉、駒井四郎などがいる」という。

解職で追われた筈の中島重がこれ程沢山の人々に慕われるのは何故であろうか。

昭和二十一年に再び同志社大学の教授に復職することを勧められた時、中島は遅すぎた謝罪にニッコリ笑って喜んだという。

八　賀川豊彦の推薦によって関西学院教授に就任

同志社を解職になった中島重は同志社の騒動から遠ざかったが、退職金もない解職では生活に難儀することになったが、幸い盟友賀川豊彦に助けられて関西学院に就職した。というのは賀川豊彦は日本以上に外国殊にアメリカ、カナダでは極めて著名で尊敬されていたので、ベーツ院長に中島重を推薦したのである。それに関西学院は当時大学昇格を目指して神戸原田の森から西宮の上ケ原に移転したばかりであったから、著名な教授を得たいと切望した時期であった。そこで中島重は昭和五年四月から関西学院教授に迎えられたのである。中島は賀川の同志社伝道の影響で実践するキリスト教すなわち「社会的基督教」に身を捧げる事になっていたのであるが、昭和五年四月から関西学院で教え、それと共に六年九月から宗教運動を展開することになった。

[注]

(1) 渡瀬常吉『海老名弾正先生』東京龍吟社、昭和十三年、一四頁。
(2) 同、一四頁。
(3) 同、九六頁。
(4) 和田洋一『同志社の思想家たち(上)』同志社生協出版、一九七三年、九一頁。
(5) 同、一〇五〜一〇八頁。渡瀬常吉『前掲書』、二二七〜二四六頁。
(6) 井上順孝編『近代日本の宗教家101』新書館、二〇〇七年、海老名弾正、三二〜三三頁。和田洋一『前掲書』、一〇八〜一〇九頁。
(7) 井上順孝編『前掲書』、三二頁。
(8) 和田洋一編『前掲書』、一〇九頁。
(9) 同、一〇九〜一一〇頁。
(10) 同、一〇九頁。
(11) 同、一三四頁。
(12) 同、一三八頁。
(13) 同、一三九頁。

(14)『同志社百年史　通史編1』、九一九～九二〇頁。
(15)和田洋一編『前掲書下』、一九六～一九七頁。
(16)『同志社百年史　通史編2』、一〇七七頁。
(17)同、一〇七五～一〇七六頁。
(18)和田洋一編『前掲書下』、一九九頁。
(19)同、二〇〇頁。
(20)同志社新報、昭和三十八年五月十五日号。

三章　中島重が学んだ二人のキリスト教思想家――海老名弾正と賀川豊彦

中島重は明治十五年に創設された高梁基督教会の日曜学校に通いキリスト教になじんでいった。しかし中島重自身が書いたものによると、少年期の中島は高山樗牛の日本主義に魅惑されていたそうで、教会でも決して素直ではなかったそうである。そんな中島も旧制第六高等学校の在学中、二十二才の時、高梁教会の溝口貞五郎牧師によって洗礼を受けた。

ところで中島重のキリスト教に決定的に重要な影響を与えた人が二人いる。一人は海老名弾正でありもう一人は賀川豊彦である。ここで二人のキリスト教思想と中島との関係についてみてみよう。

一　海老名弾正

中島は旧制第六高校在学中に海老名弾正の講演を聞いて深い感銘を受けたそうである。その後、東京大学の法学部へ進学した。独法学科で学ぶと同時に海老名牧師の本郷教会に属し「新人」の編集の仕事にもかかわっている。

（一）海老名弾正と宗教

海老名は宗教としてまず熊沢蕃山の陽明学を学んで感銘を受けたが、その後蕃山の師中江藤樹について学び藤樹の「上帝」や「大乙神」の観念を調べて次のように述べている。

藤樹先生は吾教の祖父なり、余が弱冠なりし時、道に志すを得たるは蕃山『集義和書』の教へし所なり、其後年を経てキリストを信ずるに至りしことも、蕃山に負うところすくなからざりし也――しかるに今、その渕源を藤樹のなかに探るとき、即ち、源泉混々として流れ昼夜舎かざるものあり(1)

このように海老名は藤樹を基督の福音を聞かずして既に基督教会長老と断じていたのである。ここに海老名が陽明学とキリスト教をほとんど同視していることを知ることが出来る。

さて熊本洋学校は明治四年（一八七一）に幕末の開明思想家横井小楠が主導した実学党の支配下にあった熊本藩が熱心なキリスト教の信者である（米国退役砲兵大尉）リロイ・ランシング・ジェーンズを招いて開校した。藩は西洋の文物技術の移入を目指した。ジェーンズは最初、教科の教授に専念したが、数年後、自宅で希望者に聖書の講読を始めたのでその影響で海老名をはじめ多くの学生がキリスト教に改宗したのである。

海老名はキリスト教に入信したプロセスについて次のように語っている。

（二）海老名とキリスト教

予が基督を信ずる順序としては、実学の修養、自然科学、欧米の歴史が備へられた。予が、基督教へと向って、難関を切抜けたのは、実学的見地を胸に抱いていたからである。朱子学は、親を三度諫めて、聞かれざれば、泣いて従うと教へたが、実学は良心を基本として天下国家を論じたから天下国家のためには、親に背いても、進み行く活路があった。天が我が心を知り給ふ。（中略）横井小楠は、「宋の朱子」から出発して、「四書」に遡り更に「五経」に至って、遂に天に到達した。天が我を保護する。（中略）予は常に良心の責めを受けて、解決し得ない窮境にあった。予は先ず実学の力を得て、精神の活路を開発して行った。（中略）不朽なる生命、普遍せる心、永遠なる成長へと、予の心は向った。斯かる考え方は、曽て実学にて学んだ以上であって、結論は同じである。また儒教でいふ上帝、旻天と、基督教でいう神とは、同じではないか。結論は、同じ所に帰着するのだと思った。(2)

海老名は『片言居要』という小冊子の中で基督教は「良心の宗教」であると次のように述べている。

吾人の宗教は良心の宗教ならざるべからず良心は単に是非善悪を知るの心に非ず。茲に宇宙の根帯と一味相通ずるものある也。良心は実に神の宮殿也。良心の権威は此の点に存す。吾人が神を観るは茲にあり。吾人は基督の胸底に之を見たり。而も基督の良心を吾が良心の中に自覚するに至っては、人生無上の光栄にして真に是れ醍醐至楽の境(3)

海老名はこれほど良心を重視したのである。

（三）海老名弾正のキリスト教思想

中島重は「海老名先生の思想と信仰」という論文を書いている。そこでこれをもとに中島がとらえた海老名弾正のキリスト教思想についてみてみよう。

中島によると海老名は「文筆の人ではなくて、説教者であり弁舌家であったので、その残された著述は澤山あるけれども、著述に依りては先生の真骨頂は十分には解らず、先生の説教を聞き、その座談を承り、親しく先生に接触して初めて解るのであって、その点私は誠に仕合せであったことを感謝しているのである」[4]と書いている。この点については中島が言うように十分注意すべきことであろう。

さて中島によると、海老名の思想は明治前期の「ナショナリズム」の時代と後期の「人格主義とインタナショナリズム」の時代に分れるという[5]。

①前期（明治中期頃まで）ナショナリスト

明治の中頃までの日本の民族国家の成長期においては海老名はナショナリストとして国士的宗教家として指導したという。

少年時代から青年時代にかけて明治維新を経験したが、その始め、各藩割拠の状態のなかでは到底真の統一的日本が実現するとは確信することは出来なかった。ところが明治五年に熊本洋学校に入学し、数年後に基督教の信仰を持つようになると、始めて神に依る同胞の思想、神に依る四海兄弟の精神に目醒めることが出来るようになり、日本も統一国家になり得ると確信するようになったという。[6] 中島が吉野作造博士に対して「明治文化史を編纂するに当って顕著な発見や、感想は何でしたか」と質問したのに対して、吉野博士は言下に「それは海老名弾正らのように各藩割拠に捉われた人々が、廃藩置県、四民平等、教育制度などの近代化政策等の実施によって統一国家の理想が受入れられて実現されたことであると答え、合せて、それは簡単なことではなかったと答えた」[7] という。

中島によると海老名牧師はまずナショナリストとして出発したが当時としてはこれは非常に進歩的立場であったとみている。

海老名は武家に育ったのでまず儒教を修めたが熊本の牧師時代には神道を深く研究し、この儒教と神道の日本的意識を以て基督教を理解して受容したのである。

日清戦争や日露戦争は、民族国家としての日本が発展するためには避け難い戦争であったが、ナショナリストとしての海老名牧師は主戦論者として活躍された。帝国主義にも賛同せられたが、これはこの時代には世界先進国の指導原理であり当時の日本にとって新しいインスピレーションであったという。しかしそれは倫理的帝国主義であったに違いない。

この時期の海老名牧師は誠に国士的宗教家であったと中島は評している。[8]

②後期（四十年代以降）人格主義・インタナショナリスト

明治四十年代以降の海老名牧師は人格主義者であったが、その人格主義は海老名牧師にとって神学的宗教的方面と政治的社会的方面を連結する結節点をなすものであったという。[9]

海老名牧師は自由神学を採用したので、旧来の贖罪論のドグマを否定し、之に代るものとして「人格の完成」という表現を創り出したのだと考えられるという。と言うのは、日露戦争に勝利したものの、青年の間に個人主義が抬頭して来たため、青年達の煩悶は一代の風潮となる有様であったので、海老名牧師はこれをキリスト教の霊的人格主義を以て導くという必要から此の表現を採ったのではないかと中島重は推察している。

海老名牧師の人格主義には二つの構成要素があるという。一つは倫理学で言う品性である。それは人の人格が向上し完成し立派になることを一貫した精神とするという意味における人格主義である。海老名牧師によるとキリストなる最高至上の人格に觸発して、同質のものが我々の内部より勃発して、我等も亦キリストに似た霊的人格を実現するに至るという。十字架はイエス・キリストの生涯のクライマックスとして、その生涯と切り離すべからざるものであり、我等はイエス・キリストの生涯と十字架とに顕れたるその崇高なる霊的人格に觸発して、我内なる霊性が覚醒せられ、イエス・キリストと結んで我霊性が勃発し、イエス・キリストに似たる人格となることが出来るというものであったと中島はみている。[10]

人格主義の構成要素の第二は人間の尊厳性である。この意味に於ては「人格の尊厳」が高調せられることになる。海老名牧師は人間はすべて「神の子」たる霊性を本具して居って、その意味に於て尊いのであるとされた。また如何に深重なる罪悪に閉されて居る人間であっても、イエス・キリストに觸れて、霊性を発揮して「神の子」たるに応しい人格となることが出来る可能性を備えており、人格はすべて平等に「神の子」としての尊厳性を具有するというのであった。[11]

このことが国家社会や政治思想の方面に展開したのがデモクラシーの高調となるのである。この「人格の尊厳」の原理の基づく所として海老名牧師は神の超越性を高調された。それに反し仏教的汎神観においては没人格に陥るところに弊害があることを指摘している。

③ユニテリアン・三位一体・神の子

また人によっては海老名牧師をユニテリアンではないかと疑う人もあるが、牧師は決してユニテリアンではなく、三位一体の教理に深い意義を与えていた。そしてそれによって昔の教父達は超越の神が人間の内に内在することを信じられるようになったのであって、之を棄てることは出来ないと言っている。牧師の立場は三位一体論の否定ではなく逆にその拡大であったと中島は見ている[12]。

そこで「神の子」はイエス・キリストだけでなくすべての人間が本来「神の子」であるのであって神性はイエス・キリストのうちに内在するのみでなく、広く人類すべての衷に内在するものであるという。これを中島は萬位一体論と呼んでいる[13]。

教授によると海老名牧師がすべての人間の内に神の内在を信じられるのは、旧来の立場の信仰に比較すると、汎神的であるのは否定出来ないが、これは自由神学の思想的淵源を為しているドイツ十九世紀の理想主義哲学の影響でもあったと思ふが、同時にこれは我等東洋人の本来の欲求から来ているものと中島重は考えている。

④自然美・バルト神学

牧師は自然の美に対して敏感で自然を単なる機械的なものとしてのみみるようなことはなかった。牧師の神観は人間の人格も天然自然も包容し、時間と歴史の発展のうちにその姿を顕す雄大なる超越神観であったと思われる。

バルト神学の流行した時、海老名牧師を単なるヒューマニストとして片付けようとする人がいたがそれは大きな間違いであるという。

バルト神学は否定ということを高調したが海老名牧師は既に明治十一年頃からこれを深刻に体験され、すべてを神に捧げて神の御心と御恵のままに活きて働くという神本位的生活態度に徹底していたのである。中島もまた宗教に於ては自己否定は欠くことの出来ない原理だと思っている。牧師の物の考え方は立体的流動的音楽的であった。

今日、神に就いての説教をする宗教家は多い。しかし真実に神を見せしめる宗教家説教家は甚だ少い。牧師は我国稀に見る型の思想家として、天賦の高い宗教家資質を以て実に之をなすことが出来たのであって誠に稀に見る大宗教家であったと述べている。(14)

⑤思想の歴史性

海老名牧師の政治思想は思想信仰とともに発展し民族国家とともに進展したが、牧師は考え方が歴史的であり、歴史の発展とともに思想信仰が発展して来た。高邁卓抜の見識を以て時代の先頭に立って導いたのである。

牧師が人格主義を提唱せられて以来は、青年の個人主義思潮を基督教的に導かれた。

牧師の人格主義はインタナショナリズムへの展開に依って始めて、その社会的満足・具体的表現を得た。デモクラシーについては吉野博士を主導者とする民本主義運動がそうである。吉野は牧師の高弟として思想上の感化を強く受けている。

人格の尊厳性の高調は自由の要求ともなり男女の平等の主張となり政治上は民本主義、デモクラシーの要請ともなり、さらに国際間に於てはインタナショナリズムの信條となったのである。(15)

第一次世界大戦が勃発するや牧師は早くよりデモクラシー側の勝利と確信しキリスト教主義の発揚になると説いた。国際聯盟が実現すると大いに喜びヨーロッパを視察している。(16)

大正九年には同志社總長となり人格主義に基く男女平等を唱へ率先して大学に於て男女共学の途を開き、デモクラシーとインタナショナリズムとを以て青年学徒に新時代の教育を実行したのである。(17)

海老名牧師はかねて「神の国」の内在的発展を信じておられた。「神の国」は人類の社会と歴史とのうちに内在し発展するものとの信仰を持って居られた。第一次大戦後、世界が挙げてインタナショナリズムに向って動き、それが国際聯盟に於て具体化せられるに及ぶと、真に歴史のうちに「神の国」の成ることを実感的に信じるに到ったことと思われる。そこで中島によると、海老名牧師の最も円熟完成した思想は人格の平等を基本原理とするデモクラシーとインタナショナリズムとの信條に依って「神の大政」が人類の歴史のうちに行われるとする雄大な一種の社会的信仰に帰結したと言ってもよいという[18]。

個人主義や自由主義は国家社会にとって消極的であるが、デモクラシーとインタナショナリズムとは、人格主義を原理としながら、積極的であり建設的であり、或意味に於て社会本位的であると言ってもよいものである。

昭和十六年には大東亜戦争に突入して日本の立場は東亜民族を解放する解放戦士として頗る理想主義的なものとなっている。東亜の諸民族をして民族国家を結成せしめ、大東亜に一種の国家聯合の結成を実行しようとしており、インタナショナリズムに外ならないものである[19]。

今や歴史の大転換に当っている。われわれは日本的、東洋的基督教を切り拓くことが必要である。

⑥残された課題

中島によると海老名牧師には残された二つの問題があるという。一つは、海老名牧師は儒教と神道の意識から基督教に触発されたが大乗仏教の意識からキリスト教に触発されていない。ところが中島によると日本及び東洋の大乗仏教には「神に於ける人類及び萬有の連帯相関」という新しい時代にとって高い価値ある思想原理を含んでいるという。そこでこれらを觸発させることが必要である[20]。

第二に今日では各国家とも国防と存立の必要上国家社会主義に向って進まざるを得ないところにある。そしてこの事は「新しい人」を作り出さざるを得ないので、その我欲性、非社会性を克服するために新しいキリスト教が必要欠くべからざるものとなる。そこでこれを確立するためには、神に祈って切り拓いて進まなければならないのである。[21]
これらは中島が引き継いで解決すべき課題であったが、遂に完成することはなかった。
以上の論述から明らかなように中島重は海老名牧師から決定的に重要な理念を継承している。すなわち自由神学の採用および神の超越性と人間・自然・歴史への内在、人格主義、インタナショナリズムなど重要な理念を継承している。

二　賀川豊彦の社会的実践と中島重

中島は二十二才で受洗したあと東大時代に海老名牧師に師事して自由主義的、人格主義的キリスト教を身につけていたが、大正末頃から一人のキリスト者として社会問題とどう対応するかをめぐって真剣に思索し大きな壁に直面していた。そんな時に同志社へ伝道に来た賀川豊彦の演説を聞いて感動し回心した。

（一）賀川豊彦の社会的実践

賀川豊彦はキリスト教徒の活動家の中でもきわめて多方面で大規模な活動を展開したまことに希有な人物である。彼の活動のあとをざっとたどってみると、神戸神学校の在校中に神戸市葺合新川で路傍伝道を始め、貧民街に住み込んで貧民救済の実践を始めたのは二十一才の時であった。そのあとプリンストン大学に留学し、在米中に労働運動にめざめ帰国すると労働運動にとび込んだ。鈴木文治に近づいて友愛会関西労働同盟を結成して理事長となって活動を始めた。時に三十一才であった。その後大正十年の夏には川崎・三菱造船所の労働争議を指導するも惨敗に終わり、同年七月末に検束される。

労働政治運動に失敗した賀川は、なお農民組織を創り、震災の救助をしながらも、運動の軸足の中心を「労働・政治運動から精神運動」へと移すことになった。それは大正十年十月五日「イエスの友会」を結成したことにみられる。十一年一月には「イエスの友会」の機関誌「雲の柱」を発刊した。

(二) 賀川豊彦の同志社伝道

次に賀川豊彦の思想と中島重の関係について考えてみよう。

大正十二年九月の関東大震災以降、日本の労働運動界は活況を呈するようになったが、これが学生運動に影響し、大正十三年九月には「学生社会科学聯合会」が成立した。

ところがこれはマルキシズムの研究会であったから、彼等は唯物論と階級闘争のとりことなったのである。そんな状況のなかで、神と聖愛の御名の下に、マルキストの運動と戦うべく雄々しく奮い立ったといと小さき集団「雲の柱会」があった。それが中島重による後の「社会的基督教」へと発展していく。

(三)「雲の柱会」

その少し前、同志社で賀川豊彦の大伝道集会が開かれ熱のこもった演説は参加者に強烈な感銘を与えた。ことに法学部教授中島重はかねて基督教と社会思想のあり方について慎重に思索をめぐらせ苦悩しているところであったから、賀川の熱気と論理に感銘を受け共鳴した。

中島は『社会的基督教概論』の中で次のように書いている。

「私は子供の時から日曜学校で育てられ、二十二の年に洗礼を受けて、クリスチャンとなり、海老名先生の弟子であることを光栄として居るものでありますが、社会問題を段々研究するようになりました。四、五年此方どうしても今迄の信仰ではいけないということに気がつき悩み始めました。

頭だけでは略斯様だと目安をつけて居った時に、図らずも賀川先生に接触（大正十四年）することが出来まして、初めて非常な光明を与えられ、頭だけで気の付いて居たことを、初めて信仰的に掘り下げることが出来たのであります。（中略）その時（大正十四年）私は『ナショナルギルヅと国家』という題で講演しましたが、先生はあとから演壇に立たれ、『ナショナルギルヅの研究がどれほど進んでも、その精神を獲得しなければ駄目』だと言われました。今日もその通りになっていることを思って不思議な因縁と思います」[22]。

竹中正夫は中島重のこの回心を「キリストの贖罪をうけ入れ、それに対する応答として社会的実践に励む福音的自由主義者へ」と見なしている。その直後、中島重を幹事長にして組織されたのが、「雲の柱会」であった。それは大正十四年のことであった。この例会には二～三十名の出席があり、熱心に研究発表に質疑討論がなされたが、会の目的はマルキシズムの正しい批判であり、またキリスト教の再活性化にあった。

昭和二年に「雲の柱会」が躍進する事件があった。それはこの年一月、堀貞一牧師がハワイに於て霊感を得て同志社に招かれて大伝道集会を催した。ところが同志社を始め、梅花女学校などで一大リバイバル運動が起り各地に普及した。さらに同年十一月、同志社で賀川豊彦による再度の大伝道が行われたが、これを機に「雲の柱会」は「同志社労働者ミッション」へと衣替えした[23]。

ここで賀川豊彦と中島重の関係について確認しておきたい。㈠信仰のあり方について思い悩んでいた中島重は賀川豊彦の伝道を聞いて実践派へと回心した。㈡中島は賀川の考えにならって大正十四年に「雲の柱会」を結成して研究を始めた。㈢次に「同志社労働者ミッション」に発展し、賀川豊彦・杉山元治郎の援助で実践活動を始める。㈣さらにこれは「日本労働者ミッション」に発展したがそこでも賀川と杉山の指導を受けた。㈤同志社騒動にまきこまれ中島重の同志社解職（昭和四年五月）となった。㈥賀川の推薦により中島重は関西学院に就職（昭和五年四月）㈦昭和六年九月に社会的基督教徒関西聯盟の結成。㈧機関誌「社会的基督教」（月刊）を昭和七年五月発刊した。

こうして賀川と中島は信仰も実践も一体となった。

三　賀川豊彦と中島重の「神の国運動」

（一）賀川豊彦の「神の国運動」

労働運動も農民運動もさらに無産政党運動も分裂し混迷の度を深めるなか、賀川は日本における社会運動の限界を痛烈に思い知らされた。社会運動の中では賀川がリーダーシップを発揮する余地はほとんどなくなったのである。そんな中で賀川豊彦は政治活動からも手をゆるめて「神の国運動」（精神運動）に熱中することを決意する。一九二九年（昭和四年）四月ジョン・R・モットを迎えて開かれた基督教連盟の大会は賀川の提案による「神の国運動」を正式に議決し、一九三〇年から三カ年にわたる運動を展開することとなった。

この神の国運動は明治以来のキリスト教会の歴史の中でもっとも成功した伝道活動の一つであったと言われている。

「神の国運動」は日本基督教連盟が主唱者となって展開したものであるが、実質的には賀川豊彦あっての「神の国運動」であった。この運動は賀川を中心にして全国的に展開されたものである。それまで久しい間沈滞していたキリスト教会にもようやく活気が甦って来ており、受洗者は一九二八年から増加しはじめ、三一年にはまさに絶頂に達した。神の国運動はともあれ大成功であった。(24)

(二) その成果

伝道を企画推進した黒田牧師による成果の報告によると、

伝道年数	四年五ヶ月（黒田牧師による）
旅行日数	七三四日
集会数	一八五九回
聴衆概数	七八七、一二三名
決心者カード	六二、四一〇枚

隅谷三喜男はこれを次のように評価している。「『神の国運動』は明治以来のキリスト教の歴史の中で、最も成功した伝道活動の一つであったというてよいであろう。その頃日本の社会と日本の教会のおかれた状況の中で、キリスト教徒はひしひしと危機を感じていた。賀川の名声もあって、彼が全国を巡回して回ると、どの教会も満員であった。五百人、千人と聴衆が集まった。教会堂では聴衆を収容しきれないので、町の公会堂や学校を会場とすることも少なくなかった。彼は百万人の救霊に熱心のあまり、決心者の数に大きな関心をはらった。エバンジエリストとしての彼

の使命は、決心者を得ることであって、後の面倒は教会が見るべきものと、彼は考えたようである。しかし神の国運動と教会の体制との間には、一つのギャップが存在した。それは全教会的な活動が『神の国』運動と呼ばれたことに、端的に示されている。神の国運動は協同伝道の一つの展開であると同時に、労働運動・農民運動の文脈の中で把握される必要のある『運動』であった。神の国運動は多少の抵抗を受けながらも、キリスト教会のなかに定着していったが、それは必ずしもこの『運動』的側面を教会がうけ入れたことを意味するものでなかった」[25]と書いている。

賀川豊彦の大魔神のような活躍とその成果もキリスト教界全体で十分に受け止める体制が出来ていなかったことはまことに残念なことであった。

（三）中島重による「神の国」の理念と研究

賀川豊彦の「神の国運動」は全国において一八五九回におよぶ講演によって七八万七千二二三名の聴衆を集め、六万二千四百十名の決心者が得られるといった一大救霊運動であったが、中島重による「神の国運動」はこれとはやや違って一種の研究啓発活動であったと言えよう。

①綱領と神の国

まず昭和六年に発足した「社会的基督教徒聯盟」の綱領には、

一、神を人類共同の父と信じ「神の国」の実現を以て会の根本使命なりと信ず

一、「神の国」の実現は贖罪愛によって可能

一、イエスの福音に依り「神の国」に適はしき人格を造り社会組織や制度を改めて共同社会を建設する。

とうたっている。すなわち会の第一の目的は「神の国」をこの世に実現することでありその手段は贖罪愛により、社会の組織や制度を改革することである。

次にこの機関誌「社会的基督教」の特徴として「神の国」の研究を盛んに行っている。

② 神の国の誌上研究

岩間松太郎は一巻一号から、

1 「新約聖書における神の国思想の研究」㈠
　歴史的背景　（イ）旧約における神の国思想（一巻一号）
2 同　㈡　歴史的背景　（ロ）ペルシャ思想の影響（一巻二号）
　（ハ）黙示文学における神の国思想（一巻二号）
3 同　㈢　歴史的背景　（ハ）黙示文学における神の国思想（続）（一巻三号）
　（ニ）ラビの教訓　（ホ）結語（一巻三号）
4 同　㈣　イエスの神の国思想（一巻三号）
5 同　㈤　イエスの神の国思想続（一巻四号）
6 同　㈥　イエスの神の国思想（承前）（一巻六号）
7 同　㈦　イエスの神の国思想（承前）（二巻一号）

次に三浦清一は、

1「エペソ書と神の国」㈠
　第一章パウロ書を一瞥す（四巻七号）
2　同　第二章　神に満され行く社会（その一）――エペソ書の根本思想の研究（四巻八号）
3　同　第三章　神に満され行く社会（その二）――エペソ書の根本思想の研究（四巻九号）
4　同　第四章　神の国と恩寵の実現――第一章の研究（四巻十号）
5　同　第五章　贖罪愛の社会化と神の国――第二章の研究（四巻十二号）
6　同　第六章　より高き協同体の時代と神の国――第三章の研究（五巻一号）
7　同　第七章　神の国と社会連帯　第四章以下の研究（五巻二号）
8　同　第八章　神の国と教会――第八章二十一節～三十二節までを主とする研究（五巻四号）

このような長いシリーズの研究の外に、例えば鈴木浩二の「基督者と神の国の実現」（二巻二号）、三浦清一の「神の国への道を妨げるもの」（二巻十二号）といった都合に神の国の研究は多い。このようにこのグループによる「神の国」の研究は盛んになされている。

四　中島重と賀川豊彦の贖罪愛

先の綱領に示したように中島重を委員長とする「社会的基督教徒」は神の国の実現を使命としているが、それを実行する際の手段はイエスの十字架に顕われた贖罪愛によると宣言している。
次に中島重と賀川豊彦の購罪愛についてみてみよう。

（一）中島重の贖罪愛

まず中島重の所説をみてみよう。

中島は「社会的基督教」二巻十一号（昭和八年）に「贖罪愛の実践に就いて」を書いているが、その冒頭で「私は贖罪愛の実践が、神の国実現の唯一の動因であり原力であると信ずることは、今日と雖も毫も変えることなくその確信は日とともに益々強まり行くを覚えるのである」[26]と述べている。このように中島は社会的基督教の宗教運動の原動力となる「贖罪愛」を賀川豊彦に学んだという。

中島は「贖罪という言葉は古くからある言葉であり、愛という言葉も勿論古くより用いられている言葉であるが、此の両語を結合して贖罪愛という言葉として用ひる様になったのは賀川氏が始めではないかと思ふ。（中略）私は之等の言葉なりその含蓄する精神なりを『神の国』の実現を中心とする社会的基督教の立場から玩味し始めた時に、始めて自分の求めて止まざるものが此処に在るのを知ったのである」[27]とその熱い思いと賀川氏への敬意を語っている。

次に贖罪愛の内容について中島は「賀川氏の贖罪愛は atonemento すなわち『人の罪の代わりに自分が犠牲になる』、『人の道徳上のやり損ひの尻拭いをする』、『価値の缺けたる所を補正する』が中心である」[28]しかしこの atonemento も賀川氏の全体系において圧倒的乃至主動的なものではない。宗教の本質を価値の保存、補正、実現に在りとせられて居るが、そのうち贖罪愛の実践は「価値の補正」に当り、重要なものであるが、決して全部でもなければ、又主動的なものでもない。それに対して中島が社会化愛という言葉で表わそうとしたのはむしろ redemption を意味している。中島が社会化愛によって高調するものは対者の人格の社会的転換、神の国と神への覚醒を意味していた[29]。

賀川氏においては部分的なものにすぎなかった贖罪愛を中島は全部なもの主動的なものにしたのは全く中島の着想によるものであると述べている[30]。

中島によると、このように贖罪愛について両者の間にいささかの違いが生まれた理由は賀川氏が日本神学から出発したのに、中島はリベラル・クリスチャニチーの新神学から出発しているところにあるという[31]。

①贖罪の三要素

中島によると贖罪は三つの要素から成るという。

1　律法的代償的贖罪愛　ユダヤ人は神に対して自ら償い能はざる責任を負ふて居る。然るにキリストの十字架は人類の側より神に対して、之等すべての罪人の責任をすべて、帳消にしてなを餘りある所の善行であって、十字架が我等の罪を、代りに償ふて居るのであるが故に、之を信ずることに依りて我等神と和ぎ、神と合一することが出来るという意味である。

2　祭司的燔祭的贖罪　神はユダヤ人の罪を怒って、其の顔を背け給う。ユダヤ人は、神と和ぐ道がない。此處に宛も家畜を燔いて神に供へて、その怒りを宥め、神と和ぐが如く、罪なきキリストの十字架の血が「宥の供物」となって、人類の罪は赦され、神と和ぎ、之と合一することが出来るという。

3　人格の霊的基本的転換　人格の霊的根本的なる転換によって今迄罪悪の桎梏の下に呻吟して居たものが、絶対自由の境地に到達し、神の愛に活き神聖の旨を達成し、神との合一感に活きる人となる[32]。

中島重によると、三つの中でも第三の意義のものが根本とならねばならぬことは明かである。それは第三が前提されないと、第一、第二も意義を失うとみるからである。この説を高調したのはリベラル・クリスチャニチーであるが、そこでは第一と第二を放棄し、遂に贖罪をもってキリストの人格に依る霊的道徳的感化であるという所まで徹底している。[33]

その点賀川氏の日基神学の「アトネメント」は第一を強調しており、第三の霊的道徳的感化をとる中島氏とは違っている。[34]

しかしながら双方は微細な見解の違いを超えて、社会人の実践にそのまま役立つ「贖罪愛」を考えざるを得なかった。それはキリストを通して表現され得るものである。すなわち神は万人の衷に、社会の内に実在論的に内在することを高調するようになったのである。

こうして贖罪愛を実践するため中島は次のように主張する。「私どもは道徳を社会生活への機能と観ねばならぬ。神を社会生活の内部にも内在して働き給ふ生命と観なければならぬ。之が社会本位思想に立つ當然の帰結である。而して此の立場から化身し、神の働きである贖罪愛を実践するという角度に立たねばならぬ」[35]と言う。

さらに「私は社会的基督教が贖罪愛の実践に角度を向けて進むということは、理の当然であると思ふ。近時の思想がマルキシズムの実践的態度にどれだけ刺戟せられたか知らないが、ハイディッガーの思想でも又我国の田辺博士の唯物弁証法の思想でも、すべてが、還相の角度に立つ哲学である。換言すれば絶対より相対に出て来て実践する角度の哲学である。（中略）大正より昭和にかけて乃至長く今後にかけて賀川氏の『然れども吾人は同時に化身を知らざるべからず』とのスローガンは最も吾人の向はんとする所を示している。社会的基督教が還相高潮の宗教として、神を社会に化身し神の国を俗世に体現し、発展する全体社会そのものの立場を、我身に具現して活動することを吾人に要求するは当然のことである。即ち贖罪愛実践を以てその根本精神とすることは当然のことである」[36]と主張している。

（二）賀川豊彦の贖罪愛

次に右の（二巻一号）の中島重の論文を読んだ賀川豊彦はこれに対し、喜びをもって答えた。すなわち「一九三四年十一月（三巻十一号）『社会的基督教』に掲載せられたる中島重氏の『贖罪愛に就いて』を面白く私は読んだ。私は中島氏の所説に全部賛成である。殊に「還相」の気持を明確に説き呉れられたことを、私はほんとうに感謝する」[37]と述べ賛意を表している。

続いて賀川氏は贖罪愛の内容を三つに分けて考察している。それは時間的意味と空間的意味（むしろ全体と部分の関係の方がよいかも知れない）と意識的意味の三つである。

「㈠時間的にいふならば贖罪愛は、過去の人間の価値の喪失に対する補正であると見ることが出来よう。しかしこの場合でも、全体への復帰は勿論予測されている。㈡空間的に考へるなら部分に対する全体の責任が考へられる。中島氏が部分が全体に対する復帰の精神を高調しておられることは、この空間的な考えであろうと思う。私が今日まで、時間的方面の高調をしたのに対して、中島氏が空間的方面を力説せられていることは正しいことである」[38]。然し、「㈢これを意識的にいふならば、全体意識を持たないものは時間的贖罪愛は勿論のこと、空間的の贖罪愛をも持ち得ないのである」[39]。

このように賀川はやや違った角度から、自らと中島氏との違いを説明している。

さらに賀川は贖罪愛の実践を勧めて次のように言う。「中島氏はパウロのこの自覚内容だけを特に高調せられて、パウロの初期の煩悶時代のキリストの贖罪の歴史的効果を従たるものとして考えてゐられるのではなかろうか。即ち、中島氏は、やや贖罪愛の積極的方面のみに力を入れられて贖罪愛の消極的方面を軽視せられる傾向がないではない。

勿論「社会化」的福音のみを高調せられる場合には贖罪愛の積極的方面のみを見て少しも差支えないと思う。しかし贖罪愛の生活を送ってみると、実際積極的方面が実に僅かしか行かなくて消極的方面の徒労なる努力が、いかに多いかに我々は気付くのである。尻拭は、実に徒労に見えるけれども、実際、我々がキリストのあとについて行かうと思へば、その徒労なことに一生を使わねばならないような気がするのである。然しその消極的方面がなければ、積極的の贖罪の効果を持つことは出来ないのである。つまり自分がまず贖はれて、贖ひのキリストの助手となることが出来るのである。」[40]と消極的方面の重要さを説いている。

そして賀川は次のように最後をしめくくっている。

我々は救はれただけで満足せず、キリストの救の原理を人間社会に実現してゆく積極的態度に出なければならない。今日のキリスト者はその積極的方面だけを望見し、中島氏はその積極的方面に力を入れられる。私は、消極的方面をも積極的方面をも意識して、まづ自分の救はれたることを感謝しつつ、更に救はんとする意志の持主であるキリストの御事業を、人間生活の前面にあらはさんともがき且つ祈り続けているのである。[41]

そこで我々も中島・賀川両氏の贖罪愛の積極面と消極面との深い意味を学びたい。

以上中島重は少年期において高梁教会でキリスト教の核心に触れ、東京大学時代以降に海老名牧師に感化され自由キリスト教を会得したが、実践に臨んで改めて賀川氏に触発されて贖罪愛の核心を修得し神の国の建設をしようと努力したのである。

むすび

中島は二人のキリスト教思想家にきわめて強い影響を受けた。

海老名牧師には東大時代から機関誌「新人」の編集委員として活動することによって多くのことを学んだ。ことに自由主義、人格主義を学んだが、大正九年に海老名牧師が同志社の総長に就任するや中島は総長に協力して同志社アカデミズムの形成と発展に大いに活躍した。中島はそのあと総長のインタナショナリズムも学んでいる。

昭和初年には海老名総長も中島重も栄光の頂点にあった。ところがその二人が突然奈落の底へ墜落した。海老名は総長を辞し東京に帰り、中島は解職されて同志社を去った。

いずれにしても海老名の思想は中島のキリスト教思想の基盤をなしている。また社会文化についての歴史観とすぐれた人格に備わる「国士的宗教家」の面影なども海老名牧師から継承したと思われる。

次に賀川豊彦のキリスト教思想は中島重に決定的な影響を与えている。中島重は大正末期、キリスト教と社会問題を真剣に思索し、苦悩していた時、同志社における大伝道で賀川豊彦の火を吐くような熱の入った講演を聞いた中島は衝撃を受け第二の回心をもたらした。それ以来、賀川と中島にとってキリスト教と困窮者救済の実践はほとんど同一のものとなった。

賀川豊彦等による主に東京方面においてなされる贖罪愛による「神の国」の建設および各種協同組合の結成などの実践活動と、他方、関西を中核に展開された中島重等による「神の国」の建設運動と都市スラム、農村伝道、水上隣保館などの実践活動はあたかも同一運動隊の別働隊の働きであったとさえ見ることができよう。

【注】

(1) 清水安三『中江藤樹』、一八七頁。
(2) 渡瀬常吉『海老名弾正先生』、九〇〜九二頁。
(3) 同、四六〇頁。
(4) 中島重「海老名先生の思想と信仰」三〇八頁。
(5) 同、三〇九頁。
(6) 同、三〇九頁。
(7) 同、三〇九〜三一〇頁。
(8) 同、三一〇頁。
(9) 同、三一〇頁。
(10) 同、三一一頁。
(11) 同、三一一〜三十二頁。
(12) 同、三一二頁。
(13) 同、三一二頁。
(14) 同、三一二〜三一三頁。
(15) 同、三一五頁。
(16) 同、三一六頁。
(17) 同、三一六頁。
(18) 同、三一六頁。
(19) 同、三一七頁。
(20) 同、三一八頁。
(21) 同、三一八頁。
(22) 中島重『社会的基督教概論』、同志社労働者ミッション、昭和三年、二頁。

(23) 同、四頁。
(24) 神戸学生青年センター編『賀川豊彦の全体像』、一六七～一六九頁。
(25) 雨宮栄一『暗い谷間の賀川豊彦』、一三九～一四〇頁。
(26) 中島重「贖罪愛の実践について」「社会的基督教」二巻十一号、四頁。
(27) 同、四頁。
(28) 同、五頁。
(29) 同、五頁。
(30) 同、五頁。
(31) 同、六頁。
(32) 同、六～七頁。
(33) 同、七頁。
(34) 同、七頁。
(35) 同、八頁。
(36) 同、八頁。
(37) 賀川豊彦「贖罪愛の内容に就て――中島氏の論文を読みて」「社会的基督教」三巻一号、五頁。
(38) 同、五頁。
(39) 同、五頁。
(40) 同、八頁。
(41) 同、八頁。

法理学研究会

（出典）関西学院大学法文学部 第５回卒業アルバム、1941 年３月。

四章　天皇機関説事件の波紋――中島重の苦悩

はじめに

筆者は平成九年三月に関西学院大学を定年退職するとすぐに備中高梁の吉備国際大学に移り十一年間在職したが、その間に地元の偉人「留岡幸助」、「福西志計子」、「山田方谷」の三者を取り上げて研究し、幸いいずれも出版することが出来た。そんなわけで備中高梁に深い愛着を持ったので、今後も研究を続けたいと思い、適当な人はいないかと探していたところ、ある人が中島重を勧めてくれた。そこで資料集めに掛ってから五年あまりになる。

中島重について、まず知ったのは大正六年に同志社の教員となり大正十一年には『多元的国家論』を公刊した法理学者だということであった。また同志社の研究雑誌には中島に関連した論文がかなりある事が判った。それらを暫く調べていると、中島は海老名総長を支えて同志社アカデミズムの高揚に大活躍をしていたその正に頂点において昭和四年の同志社騒動に巻き込まれ、不運な事にその責任を負わされ解職されたが、盟友賀川豊彦の紹介で、神戸原田の森から西宮上ケ原に移転したばかりの筆者の母校関西学院に就職された事を知った。(1)これは大きな驚きであった。

早速、関西学院に於ける中島の事績を探してみたが最初に見つかったのは久山康の『近代日本とキリスト教』の大正・昭和編の中の第二章に「社会的キリスト教の運動」として中島重の宗教運動が議論されている事例であった。[2]この時期の宗教運動はマルクス主義から「宗教はアヘン」と激しく攻撃され、さらに軍国主義の色彩を強めた官憲からも圧迫されながら中島は約十年間にわたって自らの機関誌「社会的基督教」に拠って活発な宗教運動を展開した事実は関西学院にとって大いなる誇りだと思う。

その後、図書館を訪ねて機関誌「社会的基督教」を探してみると、約半分しか在庫してなかったので当時の井上琢智学長と奥野図書館長にお願いしたところ、急いで欠落部分を補充して頂いた。誠に感謝である。

次にその後山内一郎氏から「キリスト教主義教育」(年報十八号一九九〇年十一月)を戴いた。その中に井田昭子著「中島重と関西学院　ＳＣＭと社会的キリスト教運動を廻って」が収められてあり、その中には関西学院固有の研究雑誌などから汲み上げた資料がみられ、とても有益であった。

それから暫くして、学院史資料室に立ち寄った処、出版されたばかりの「学院史紀要」十八号を戴いた。そこで何気なく目を通すとそこに長岡徹著「天皇機関説事件と関西学院」が掲載されていた。

この論文は長岡徹氏が米国議会図書館で発見された「全国の大学の憲法担当教員に対して行った学説改説の強要」の記録の内関西学院の中島重の分を基に書かれたものであった。[3]

これは筆者が探していた中島重の関学に於ける活動の重要な資料となるものであった。以下これを基に中島重と天皇機関説事件の波紋について検討してみよう。

一　天皇機関説事件と中島重

中島重は昭和五年四月から法学関係の講義を担当すると共に、大学昇格の為の準備に参加した。さらにこれらと関係なく、私的な宗教活動として六年九月に「社会的基督教徒関西聯盟」を結成して委員長となり、七年五月からは機関誌として「社会的基督教」（月刊）を発刊し活発な宗教運動を開始した。

（一）天皇機関説事件

機関誌「社会的基督教」を刊行してから三年もたたない一九三五年、昭和十年二月十八日、菊池武雄が貴族院の本会議の質疑において、同院の議員であった美濃部達吉の憲法学説である天皇機関説を「緩慢なる謀反」、「あきらかなる反逆」と非難し、美濃部博士を「学匪」と決めつけたことに発した。これに対し美濃部博士は二月二十五日、貴族院本会議において一身上の弁明を行い約一時間にわたって国家法人説及び天皇機関説について説明し菊池の非難に反論した。

岩波小辞典によると「天皇機関説とは主権は国家にあって天皇になく、天皇の権能は法人における理事と同じく、国家を代表する最高の機関として行われるという学説である」とされている。

しかしこの時この問題が政治問題になるとはだれも考えていなかったが、国体擁護連合会を中心に右翼や軍部からの突き上げが激しく、三月二十日、貴族院において「政教刷新に関する建議」が可決され、又衆議院においても「国体明徴決議」が可決され大きな事件に発展した。

（二）検事局による美濃部の取り調べ

美濃部は二月二十七日に不敬罪で告発された。検事局は連日検討を続け四月七日、美濃部の出頭を求めて本人を取り調べた。その結果、不敬罪の点では不起訴が内定したが出版法二十六条の罪に該当すると判断された。美濃部学説中の天皇機関説及び詔勅批判を認める点が安寧秩序を妨害し、皇室を冒涜するものだとされた。その結果、公職をすべて辞するという条件で、九月十八日に起訴猶予と決定した。[4]

（三）内務省による著作の発禁

四月七日の美濃部の取り調べを受けて、内務省は四月九日美濃部の三著「『逐条憲法精義』、『憲法提要』、『日本憲法の基本主義』」を発禁処分、二著『現代憲法評論』、『議会政治の検討』）を改版処分（改版による字句の修正）に付した。[5]

（四）美濃部達吉の講師辞任

この処分を受けて、美濃部は従来から担当していた東京商科大学、早稲田大学、中央大学の講師を辞任した。[6]

（五）文部省訓令

文部省は国体の本義を一層明徴にすべきことを、文部大臣より、地方長官、帝国大学総長、官立大学長、直轄諸学校長、公私立専門学校長、高等各校長へ四月十日次のような訓令を発した。

方今内外の情勢を稽うるに、刻下の急務は実に建国の大義に基づき日本精神を作興し国民的教養の完成を期し因って以って国本を不抜に培うに在り、わが尊厳なる国体の本義を明徴にし、これに基づきて教育の刷新と振作とを図り、以って民心のむかうところを明らかにするは文教において喫緊の要務とするところなり。[7]（以下略）

この訓令のあと京都帝国大学法学部では美濃部学説を継承する渡辺宗太郎は担当を外されて行政法担当となった。憲法担当講師には後期から黒田覚があたることとなった。神戸商業大学では佐々木惣一の憲法が休講となった。九州帝国大学法文学部でも今後一切「機関」という文字を使用しない事となった、とこの訓令の影響について長岡氏は説明している。

（六）憲法学説調査と系統分類

文部省はすべての大学の憲法担当教員の学説調査を始めた。憲法学者の著作だけでなく、講義プリントや学生のノートを取り寄せ憲法講義の実際を調査した。それによって「憲法学説の系統分類」を作成している。

長岡氏の資料によると、それは

一、天皇主体説

佐藤丑次郎（東北大学教授）外十三名

二、天皇機関説

(1) 唯物的傾向の顕著に認められるもの

中島重（関西学院大学教授）

田畑忍（同志社大学教授）

(2) 民主主義的（急進的）傾向の認められるもの

副島義一外二名

(3) 純粋法学的傾向の認められるもの

宮沢俊義（東大教授）外十五名

となっている。(8)

次に長岡氏は詳細なコメントを加えているが、中島重に関するものについて述べると、長岡氏は中島重が「唯物的傾向の顕著に認められるもの」に分類されている点に疑問を提出している。それは中島重の『日本憲法論』においてデモクラシーや自由主義について多くを語り、顕著な唯物的傾向を見出すことは難しいと判断されているのは妥当な見方だと筆者も考えている。さらに注意深く中島重の『社会哲学的法理学』の中に「社会の進化及び社会問題の観方等については、マルキシズムに負うところが大」とあるから、思想局は『社会哲学的法理学』をも分析したうえで判断したのではないかと推論しているのは慎重で妥当な判断だと思う[9]。ただ機関誌「社会的基督教」に拠る宗教運動の関連文書では徹底した反マルクス主義をとっているから『社会哲学的法理学』の序論の文章を考慮に入れてもなお思想当局が中島に対して顕著な唯物的傾向が見られるという判断はいささか検討違いのように筆者には思われる。

さらにこれによって中島重、田畑忍、野村淳治は最後まで要注意の扱いを受けることになったという[10]。

（七）対処方針案

系統分類表に基づいて検討を加えた結果、対処方針案が作成された。

一、早急の処置が必要と認められるもの

1　著書又は講義の内容の絶版、改定を要求し受諾しない場合には著書の禁止を考慮すること。

2　憲法講義を担当させないこと

中島重（関西学院大）著書絶版　田畑忍（同志社大）外六名[11]

二、厳重な注意を与える必要を認めるもの

1　著書並びに講義の内容の絶版、改定を要求すること

2　右を受諾しない場合は憲法講義をやめさせるか、または休講させる

佐々木惣一（立命館大）外七名

三、左の点に付注意を与える必要があるもの

1　機関という語を使用させぬこと
2　不穏当な箇所を改めさせて将来を誓約させる事。
西川一男（国大）外二名

七月九日にこの案に沿って検討されたが、この時点で改説するものが相次ぎ、結局、「注意を要するもの」、「調査を要するもの」、「改定済みのもの」に再整理することになった。「注意を要するもの」には野村惇治、中島重、田畑忍があり[12]「調査を要するもの」には宮沢俊義、渡辺宗太郎、河村又介、佐々木惣一、中村進午、竹内雄、藤井新一「改定済みのもの」は浅井清、中野登雄、野村信孝、吉田一枝となっている。

（八）文部省による転向の要求

前記の方針に基づいて八月九日関西学院と同志社を呼び出して問題点について聴取をおこなった。長岡氏が入手した資料を基にその概要を見ていこう。

文部省専門学務局長の聴取に応じたのは関西学院の商経学部長の神崎驥一であった。申立ての要点は次の通りであった[13]。

一、中島教授は法文学部と商経学部で憲法講義を担当している。
一、本年四月上旬神戸地方裁判所検事からベーツ院長に書面で中島教授は機関説をとっているかと照会があったので、学長が中島重に確認したところ、機関説をとっていると言明し、その旨検事に回答していただいても結構です。こうして学説に殉ずるのは本懐である、とのことであったので、大学としては文部省から問い合わせがあるものと期待していた。

一、その後、四月下旬か五月上旬頃中島教授より、ウッズオース法文学部長に申し出たところによると、中島教授は高橋貞三氏と協議の上、今後機関説は講義しない事になった。それは改説したわけではないが反省して機関説は説かないことにしたのだとの事、そこで新学年の講義では機関説は説かれないはずであるとのこと。

一、本年四月前後、検事局において中島教授の講義案を押収したとのことであるから、もし不審の点があれば司法権の発動がなされるのではないかと考えていたが、今にいたるまで何もないので別段の処置はしていない。

これに対して専門学務局長は特に次の注意を与えた(14)

一、中島教授が講義において機関説は説かないと言明したのは結構であるが、教授の根本思想は大いに注意すべきだ。その思想の派生する処随所に問題が生まれる。たまたま機関説は説かないと言ってもその根本を改めないと無意味である。また機関という語句は避け、その他の誤解を招くような説明はしないといってもはたしてどのような講義をしているのか大学に於いてはとくとよく調べてください。

一、殊に著書に対して発売禁止等の処分をした場合は、学者としてその内容を講義すべき地位から当然退くことになるのではないか回答を待っている。

神崎商経学部長は右の注意を了承し、九月早々学内において調査の上協議し、幾分でも危険があるようなら事情により、その担任を憲法以外に変更するか、若しくは退職させるか二者択一の他ありませんと述べて退出した。[15]

このやりとりについて長岡氏は他大学に比し極めて率直に大学の内情を説明している。特に中島重が「かくて学説に殉ずるは本懐なり」と述べたことを文部省に伝えているのは理解しがたいと評している。また中島重が機関説を講義しない事にしたのは改説したわけではないが、反省して機関説を説かないと述べているのも、あまりにも無警戒だと論評している。[16]

この後長岡氏は中島の『日本憲法論』の「序」ともう一箇所からこの本の「根本思想」を表わしている処を引用した上で次のように論評している。「神権思想を徹底して廃し、大日本帝国憲法を可能な限り、自由と民主主義の精神に拠って解釈しようとしたのである。文部省思想局は、中島のそのような『根本思想』の転向を要求したのである」。[17]

（九）第二次国体明徴声明を受けて

機関説問題は八月三日に発表された政府の国体明徴声明によっても沈静化することは出来ず、十月十五日に再度の国体明徴声明を出すことになった。その中には天皇機関説が国体の本義に反することを明言し、その廃除を公言した。

①中島重の処遇についての文部省報告

長岡氏の資料によると関西学院は九月早々に協議して文部省に報告しなければならなかったが、十月十三日（ベーツ学長の日記）文部省を訪ねて専門学務局長の赤間氏と会って中島の憲法講義の問題について話し合っている。そこで赤間氏は、「機関説を教えないというだけではもはや十分ではなく、憲法の講義では主権の主体は天皇であることを教えなければならない」と指導した[18]。

②中島重の改説

このように執拗な追求に中島もついに自分の学説を変更した。長岡氏の資料によると中島はベーツ学長に対して改説の申し入れをしている。

関西学院大学教授　中島重
ベーツ学長に対し
「国体明徴に関する政府の第二次声明発表後は自分も観念しました。今後の事は決してご心配に及びません」旨を申し出たうえで同学監が最近来省し専門局長宛その報告をした（十月二十八日）[19]。

次に十月二十五日から二十七日にかけて、関西大学主催私大学生主事会議が開催された。関西学院に対しては文部省係官と思われる北浦某が接触した。北浦は中島の本年度憲法講義要綱の提出を要求した。これに対して中島直筆の六枚の講義要綱は十一月十三日付けで、改説の証として、学校当局から送付された。

それに次の三件が書き記されていた。

天皇は統治権の主体である。
法理上、天皇と国家は同一である。法理上、天皇は国家にして国家は天皇において具体的表現を得る[20]。

第三に右の要綱を受けて、中島の改説を確認するものと思われるメモがある。

関西学院大

中島重

最近学長に対し「今後は政府の声明の通り統治権の主体は天皇たる建前にて講義しますので御心配はいりません」との申し出があった[21]。

また中島重の『日本憲法論』は絶版となった[22]。

③その後の中島に対しての追求

中島に対する追求はその後も続いていた。学院には中島による「昭和十一年度憲法講義要綱及び要旨」と「憲法第一条乃至第四条に関する詳細」が残されているという。長岡氏は「詳細」を提示した後で、中島の思想の屈折について論じている。

日本国家の統治者は、天孫降臨、神武創業の古より定まったことであって、……憲法はこの歴史的事実を基本として制定せられた……。（憲法四条）解釈はもはや学説の論議に委せられたる問題に非ずして、政府の公権的解釈によりて一定せられしものと考えなければならぬこととなった。すなわち我が国における憲法上の天皇の地位は統治権の主体たることに定まっているのであって、その他の解釈を容る余地はないのである。

天皇は法人たる国家であり、法人たる国家は天皇において具体的表現を得るという意味において、法律上両者は同一人格者たるものと考えねばならぬ……。

すなわち統治権の主体は法人的国家であると同時に、天皇にましまし、天皇にましますと同時に法人たる国家であるというのである[23]

これに対して長岡氏は鋭く分析し論評している。「中島は科学説である国家法人説を維持したままで、政府の要求を受け入れて天皇＝統治権の主体説をとるため、天皇＝国家という理解を示したのである。この場合には、法人としての国家の意思は国家の書記官が形成することになるので、天皇親政を前提とする天皇主体説に比し、専制的要素は薄くなっていると評価することは出来よう。しかし、天皇が統治者であると説くのに天孫降臨伝説まで言及し、中島が努めて廃除してきた、神権思想を受け入れる事になった。多元的国家論者である中島にとって国家はその背後にある全体社会「民族」の共同目的を実現するための職能団体であるが、天孫降臨伝説に基づく神権的国体観念を受け入れるということは、天皇は職能団体である国家を自ら表現する主体であるにとどまらず、日本民族という全体社会をも統治する主体であると観念する余地が生まれてくるのではなかろうか」[24]と長岡氏は評している。近代的な多元的国家論と天孫降臨に始まる神権思想とはしっくりしないので無理があるのではなかろうかと示唆している。

長岡氏は本来自由主義的な多元的国家論者であった中島が、その晩年には全体主義と東亜共同体実現の陰を負うことになるのだが、ここでの屈折が、抵抗の軸を失わせたのではなかろうか、と鋭い洞察の目を向けている[25]。

長岡氏の指摘は誠にその通りであるが、中島は昭和十三年以降東亜共同体論の頃になると、キリスト教の中に日本の大乗仏教を取り入れて融合させ独自の理論を創造しようとしている。

また国家論に於いても、日本の国体についてはまるで例外であるように論じている。

この事は中島重が少年期から保持していた日本主義の思考が、時代の政治的雰囲気に助けられて再生したものではないかと筆者は推察している。いずれにしても日本の歴史にもとずく国体についてはナイーブに二重スタンダードが適用されているように思われる。

付論　長岡徹氏による「中島重理論の変容の考察」

これまで長岡氏によって天皇機関説事件の波紋に翻弄された中島の苦難について詳述された跡を辿ってきたが、ここで中島の理論と思想の変容についても検証されているので、これをたどってみよう。

一　中島重の理論と思想の変容

長岡氏は中島重の晩年十年の理論と思想の変容を検証している。これは筆者にとっても誠に重要な分析であるので以下長岡氏の分析を辿ってみたい。

（一）自由主義から全体主義・独裁主義へ

中島重は大正十一年の『多元的国家論』においては自由主義・個人主義に基づいてアソシエーションを形成した職

能団体の一種が国家であると述べたが一九四一年（昭和十六年）の『国家原論』では職能団体と見る多元的国家論の見解を保持しながらも「公権力の重要性とその根本性を認め、それが国家以上の全体社会に根ざすものであって、強制社会化の機能をもって、国家組織を実現して、職能活動を行わしむる者なるの認識を得ることによって、職能団体説の自由主義的極限性を破って、独裁主義の基における国家をも説明し得るに至った」[26]と述べている。ところがこの中島の国家論に対し門下生である田畑忍は「中島博士の当時における国家思想には、日本・ドイツ・イタリア等数国家の国家全体主義的極端民族主義的現象に囚われて、絶対主義的国家に対峙する多元的国家論の批判面を却って亡失してしまう結果に陥っている感がある」[27]と鋭く批判している。

長岡氏はこれを傍証するものとして中島の次の文書を指摘している。「日本国家はこれを科学的要請から職能的共同団体と認識するべきであるが、日本国家は天皇統治の基に、皇室を中心とする全体社会の為に、職能活動をなすところの職能的共同団体であると認識すべきであると信ずるものである」[28]。

次は「我が日本民族が実現したる東亜の民族国家を中心として、東亜全体が一体に纏まる事ができ、日本人が今までに到達したる文化水準を出発点として東洋の新文化を創造することができ、もって世界社会の実現と人類新時代の文化創造とに貢献することが出来るならば、我等日本国民の世界歴史上において演ずる役割は正に無比なるものであると言っても過言ではないと思うのである」[29]。

この二つの文章を踏まえて長岡氏は、これらからして中島は時代的制約があるとはいえ、全体主義的民族主義的な色彩が濃く、東亜共栄圏構想にも理論的支持をあたえようとしていると判断し、それは中島重の『日本憲法論』に見られた自由主義・民主主義の称揚が晩年には全体主義・民族主義・独裁主義に道を譲ったとみている[30]。

（二）変容の根源

長岡氏は中島重の思想が、自由主義・民主主義から全体主義に変化したと考えその根源なるものを二つの角度から論証している。一つは社会本位的人間観の採用であり、他は全体社会にはすでに公権力が存在するという共同社会観である。

（三）社会本位的人間観

これはまず社会の本質を人間の結合とみる結合本位説にあり、中島は結合の度合すなわち連帯が強化することを社会の進化とみる。次に昭和の初めに組織された中島重の「社会的基督教」の運動のなかで明確にされた主義である。「プロテスタント」は個人が神と対面して自己の救霊に努めるが、社会への関心は薄い。ところが「社会的基督教」は贖罪愛によって他者と結びつき困窮にとらわれた他者の救済に努める。この二つが社会本位の人間観には含まれている。しかしこれはまず「社会」とは個人の結びついた状態であり、その度合いが強まること、次に人間の欲求が社会に向けられることを示すだけで、全体社会や国家の全体主義とは直接関係するものではない。

（四）全体社会の公権力

中島が全体社会には公権力が存在すると説き始めたのは、「強制社会化意力を中心とみる国家」（一九三七）及び『発展する全体』（一九三七）「強制社会化意力を中心として見たる政治と法と道徳」並びに「強制社会化意力としての公権力の機能」である。

これについての長岡氏の説明を要約すると、

1　すべての共同社会には権力が存在する。全体社会の中心にある権力は公権力である。[31]

2　国家は全体社会の公権力によって組織させた職能団体である。[32]

3　政治とは集団が全体社会内に於いて支配集団として公権力を行使することである。[33]

4　公権力は国家を組織する権力であるから主権ないし憲法制定権を意味すると考えられる。これは政治権力の焦点となる権力である。一九三〇年代という歴史的転換期に、公権力は再び主権性を発揮し、自由主義、立憲主義を超克しながら独裁政治を現出させていると理解している。[34]

（五）変容した理由

そこで何故中島はこのような独自の理論を展開する必要があったかを長岡氏は推測している。その答えはイタリアのファシズム、ドイツのナチズムに現れた民族主義的な全体主義的独裁政治を、従来の多元的国家論＝国家職能団体説の枠組みでは説明できない。

そこで中島は公権力の存在根拠を国家の背後にある「全体社会」従って「民族」に求めざるを得ないと結論している。[35]

(六) 筆者の所見

ここで筆者の所見を述べてみよう。まず中島の愛弟子である田畑忍の「中島博士の国家論」(一九六四)は正確で丁寧に解説されていることに筆者は深い感銘を受けた。ところがその結論として田畑は「中島博士の後期の国家思想は日本・ドイツ・イタリー等の全体主義に影響され、初期の多元的国家論の内包する批判力を弱める結果に陥った」とし、さらに「一部国家の一時的なゆがみにとらわれて、(中略)蠢動する権力者たちの全体主義的国家の陰影をその職能的国家論の中にいささかではあるが写すことになったのではなかろうか」と危惧している。

次に長岡徹氏は中島重が何故、後期に全体社会に備わる公権力の行使という独自の理論を創出したかを問い「それはイタリアのファシズム、ドイツのナチズムに現れた民族主義的な全体主義的独裁政治を、従来の多元的国家の枠組みでは説明できないからであったと」と答えている。筆者もこの点については長岡氏の説明の通りだと思う。

これについて中島自身が次のように述べている「今日、国家の本質の理解に対しては、自由主義デモクラシーに依りて表わされた面と、ファシズム的独裁政治に依りて表わされた面と、コミュニズム的独裁政治に依りて表わされた面と、少なくとも三つの重要な面が呈露せられて居って、社会学たる国家論は客観的科学的に、何れのイズムやイデオロギーにも立たずして、而もすべてを説明し理解し得るものでなくてはならぬ。今提出した所の強制社会化意力の概念に依る国家の観察は之に対して吾人の理解を進め得るものと信ずるものである」(中島重「強制社会化意力を中心として観たる国家」三頁)。

さらに「筆者(中島)は依然として学説としては之(多元的国家論)を信奉するものであるが、此処に、強制社会化意力の概念を加えることに拠りて、一層、此段階の国家を如実に把握することが出来、前段階に於ける武断的権威主義国家との関連及び此段階に入りてからのその逆戻り現象及び資本主義否定後の段階に於けるあり得べき独裁政治等との関連をよく説明し得ると信ずるものである」（中島重「強制社会化意力を中心として観たる国家」十一頁）と明確に述べている。

ここで重要なことは中島が多元的国家論に併せて、一九三〇年代に顕著となったファシズムとコミュニズムの形態をとる独裁国家をも含めた分析枠組みを創り出したことと、中島がベストと考える国家論とを混同してはならないということである。中島は独裁国家をクールに分析（ファシズムの国家は階級支配と戦時体制と、統制経済と権威主義への逆戻りと考えられ、コミュニズムは戦時体制、産業国営、権威主義で理解されると言う）しているが、決して独裁国家の政治体制を肯定したわけではなく、あるべき国家の姿はあくまでも「多元的国家論」であったことをわれわれは正しく認めなければならない。

長岡氏は「まとめにかえて」では、中島が公権力の強化は一時的なものであり、やがて新しい質の結合と連帯の社会が登場し、権力は以前より一層機能化するのは、軍国主義か、一切の批判の許されない時代状況の中で、精一杯の抵抗であったと評すべきかもしれない、と好意的な見方をされている。

最後に筆者の所見を述べると、田畑忍は当時のヨーロッパのドイツ、イタリアの全体主義化の現象に囚われ中島の国家思想は批判力を失ったと断定しているが、自由主義的見地を保持しながら、全体主義・独裁主義社会をも併せて分析する為、全体社会に公権力を内在させて分析の枠を拡大したという中島の主張を素直に肯定してよいと思う。もしそうであれば変節であるより、貴重な貢献といえるのではあるまいか。法理学者であるだけでなく優れた社会学者であった中島によってのみ成しえた貢献といえるのではなかろうか。

中島はドイツ、イタリアの全体主義、独裁体制の形成発展を冷静に分析して批判することはあっても無原則にこれに迎合することはなかった。自由神学を身に着けた中島は人間の自由な活動を抑圧する独裁体制は強く忌避するところであった。それゆえ「イタリー、ドイツ及びロシア等の権威主義は一時的復活に過ぎない」と指摘しているのである。ところで筆者が中島の論述で強く印象付けられる点は日本の政治体制をドイツ、イタリアと全く異なる皇室を中核とする独特なものだと、みなしており、皇室に対する強い尊崇の念に満ちていることである。その際には明らかに科学的分析法を超越している。これは昭和十年代の国家権力の絶対的な圧迫に対する生き残るためのやむを得ざる適応であったと考えるべきであろうか。

中島重は少年時代には高山樗牛に心酔する日本主義者であったと自ら書いているが、「社会的基督教」には日本で花開いた大乗仏教の知恵をキリスト教に取り入れる必要性を熱っぽくといている。

中島は「日本的基督者」であり晩年には日本回帰が起こっていたのではないか。

【注】

（1）『関西学院六〇年史』昭和二十四年、二六二頁。

（2）久山康『近代日本とキリスト教』（大正・昭和編）昭和三十一年、二七六〜二九四頁。

（3）川口浩編『ドキュメント昭和五十年史2　ファシズムと抵抗』汐文社、一九七四年。絲屋寿雄「「天皇機関説」事件――踏みにじられた学問の自由」。宮本盛太郎『天皇機関説の周辺』有斐閣、昭和五五年、序章三つの天皇機関説。長岡徹「天皇機関説事件と関西学院」『関西学院史紀要』十八号。

(4) 長岡徹「前掲論文」、一一頁。
(5) 同、一二頁。
(6) 同、一二頁。
(7) 同、一二頁。
(8) 同、一四〜一五頁。
(9) 同、一六頁。
(10) 同、一七頁。
(11) 同、一七〜一八頁。
(12) 同、一九頁。
(13) 同、二〇〜二一頁。
(14) 同、二一〜二二頁。
(15) 同、二二頁。
(16) 同、二三頁。
(17) 同、二四頁。
(18) 同、二五頁。
(19) 同、二五〜二六頁。
(20) 同、二六頁。
(21) 同、二七頁。
(22) 同、二七頁。
(23) 同、二七〜二八頁。
(24) 同、二八〜二九頁。
(25) 同、二九頁。
(26) 同、二九頁。
(27) 同、二九頁。
(28) 同、三〇頁。

(29) 同、三〇頁。
(30) 同、三〇〜三一頁。
(31) 同、三四〜三五頁。
(32) 同、三五頁。
(33) 同、三五頁。
(34) 同、三五〜三六頁。
(35) 同、三六頁。

五章　『発展する全体』の考察

まえがき

中島重著『発展する全体』の「序」によると中島は少し前から研究に沈潜して『社会哲学的法理学』を昭和八年に出版したが、その後更に本格的な哲学的社会学（または社会学的哲学）の完成を畢生の仕事と考えている。『発展する全体』はその中間報告とでも言べきものであると言う。

また同書の「書斎から」によると中島が仮説として研究の基礎にしているものは「社会は結合と連帯とが基本となるものであり、社会の進展ということはその結合と連帯とが、範囲に於て増大すること」[1]と述べている。

さらに社会哲学者としての中島は時代認識について重要な課題を述べている。「転換期社会哲学の課題は人類の社会が資本主義を超克して、資本主義以降の社会を実現し、民族国家の段階より更に進んで世界社会を実現するに当りて（中略）統制経済や東亜協同体はそれへの段階である。（中略）その基本原理を解明するに在り、而してそれは結合と連帯との程度と範囲とに於ける増進増大と観ることが最も正しい観方であり、此の観方が政治に経済に道徳に宗教に新しい段階に即応しての新しい展開に対して正しい指針を与へ得るものと信じる」[2]と主張している。

さらに大事なことはこの社会哲学は西洋思想を根拠とするものではなく、東洋的社会哲学を建設しようと企図しており、それは大乗仏教を根拠とするものであると断定している。ここに中島の思想の核心の東洋回帰が明示されている。

東洋哲学から豊かな養分も吸い上げて新しい社会哲学を創造し、「これらの哲学を封建思想の桎梏から解放して転換期社会の哲学として新しい生命を賦与して世界に提供することは、まさに我等東洋人たる学徒の任務であると思ふものである」(3)と重要な使命感を示している。

ところが中島によると、東洋思想、大乗思想には重大な欠陥がひそんでいる。それは発展の思想である。「東洋の文明は静止停滞をその特質とすると言はれるのはここに帰因する」(4)のである。しかし「日本人は本性活動的であって、斯の如き静止停滞の思想にも拘らず、之を実践的に活用して今日の進運に漕ぎつけて来た」(5)のである。

他方、西洋の思想についてみると「ヘーゲルの弁証法的発展思想もダーウィンの生物的進化思想も、その背景には此の発展思想があって出来たもの」(6)である。

そこで中島はここでの最終の結論と課題を示している。すなわち「其処で私どもは社会は結合と連帯とが根本であると考えるとしても、それを発展的に考へねばならぬのであるが故に、華厳の事々無礙も真言の六大圓融等も、発展思想で活かして行かねばならぬ」(7)としている。これが『発展する全体』を出版した大切な理由であると言う。

中島によると西洋思想にには動的思考が含まれており、それが基督者の特色だと考えているのであるが、中島は続けて「発展完成の極致を基督者では「神の国」と言っているのであるが、社会哲学に於ても発展完成の極致として何か社会的絶対者といったものを想定せねばならぬ」(8)と述べているから、同書では結合連帯を増進する発展論が展開されることだけでなく、それが、キリスト教、神の国と深く関連をもってくることが期待される。

『発展する全体』は中島の最も包括的な「哲学的社会学」であるから中島の理論の全容を理解するためには是非最

初に学習しておくべき文献である。本章では『発展する全体』を学習し、中島社会学の基本構造を理解しよう。

本章は四つの部に分けて述べられている。

（一部）は「社会構造と変動」であるが、（一）結合本位の社会進展論では構成員の結合と連帯が強化されることすなわち社会化がすすむことを本位とする。（二）社会の結合関係と非結合関係を合わせると全体となる。ここでは国家職能の拡大と公権力のあり方を問い、次に民族と全体社会をとりあげる。

（二部）では公権力の検証をとりあげ、（一）公権力の機能と非合理性、（二）は公権力の機能を中心として観た政治・法・道徳を考察している。

（三部）は文化発展論と機能主義で、（一）文化変動論（二）文化としての技術、学問、道徳、宗教、芸術がある。

（四部）は宗教の考察である。これは同書の核心でもある。

本章で扱う「内容の目次」

一部　社会構造と変動の要約

（一）結合本位社会進展論の概要

（二）発展する全体

二部　公権力の検証

（一）強制社会化意力としての公権力の機能

（二）強制社会化意力を中心として観た政治と法と道徳

三部　文化発展論に於ける機能主義の立場

一部　社会構造と変動の要約

一　結合本位社会進展論の概要

(一)　はしがき

社会の進展は個人の結合の増大であり、連帯の増進であると中島はとらえている。(9)

(二)　人類の社会と自然環境

人類は自然的環境を技術を用いて加工し、変形していく力を持っている。人は自然を支配するが、あくまで自然の内にあり、自然の一部を変改加工しているにすぎない。人が自然を支配する力を知能の進歩によって構成したものが技術である。それは社会生活の場で多数の人の協力により模倣と伝搬によって作り上げられるものである。(10)

(三)　人口

人類の生命は社会的に結合している社会的生命であり、技術を用いて自然を支配して、自己の生活目的を充足することが出来る生命であるので、技術を持つ所の社会的生命そのものに、社会進化の自動的要因を見出すと考えてはじめて自動的ということが意味を持って来る。[11]

(四) 社会化・統合化

技術が進歩して自然に対する支配力が増加し、その結果人口が増加するにつれ、社会の構成員そのものは結合を増大し連帯を増加するものである。このような構成員の結合の増大、連帯の強化を社会化という。

自然支配力の増加に応じて、社会そのものの社会化する過程が人類の社会進展の根底をなす、これに対応してあらゆる文化即ち宗教・道徳・法律・学問・学術・経済等は変化していくものである。

ところで個人が適応する環境は自然環境だけでなく社会も環境である。社会の個人に対する環境としての淘汰作用は社会が進展し、社会結合が増大すればする程強化される。

いまもし社会関係を結合関係に限定すると闘争関係、権力関係、利用関係は非社会関係といえよう。これら三者は結合関係ではないが、これらは或程度社会関係と混在しており結合程度が進めば形態を変じて社会関係となる。これを三者の社会化と言う。この社会化が社会過程の根本を為すものである。[12]

(五) 個性化と集団および文化の分化

社会が社会化すればする程、個人の人格が深化拡大するのは当然であるが、同時に個人間の結合関係も深化し拡大する。人格の深化拡大が社会化の一面であるならば、社会はその進展とともに益々意識的となる。

次に社会の社会化が進み、権力が機能化すると被支配階級は人格を平等に承認されるようになる。

第三に、社会の社会化が進むとともに、その成員の個性、即ち人格の属性としての特色が拡大するようになる。社会の進展とともに成員の人格は発達し、個性は豊富となり、又社会も大なる特殊性を包含し得るようになる。

次に集団の分化が進行する。当初すべての集団は全体社会のなかに未分化に包含されていたが、社会の社会化が進むと国家と家族が分化する。さらに近世に入って自由主義の実現とともに国家と家族、教会、文化団体が分化した。

最後に文化の分化についても述べなければならない。文化とは宗教、道徳、法律、学問、芸術、技術などであるが、社会の進展とともにこれらの文化も拡大し、進展し、分化する。

原始時代には文化形態はすべて宗教のうちに未分化に包含されていたが、社会の社会化が進むと、個人の人格が深化し社会意識も高まり、自律化しやがて分化が始まる。

文化は原始時代にはすべてが未分化で融合していたが、中世期には次第に分化が始まった。それが近世に入るとさらに分化が進行した。分化が最も遅れたのが宗教と道徳である。

(六) 文化の進展―目的と機能[13]

①文化の機能

文化は社会生活と人間生活の機能である。機能とは生命という全体に対して果す役目である。文化を機能というのは或る役割を果しているという意味である。社会生活の為の機能は道徳と法律である。道徳は基礎社会の機能、法律は国家のために機能を果している。

人間生活の為の機能は学問、経済、技術が果しており、社会生活と人間生活の両方の為の機能を果しているのは宗教と芸術である。文化は社会の進展とともに目的となり、領域が分化し、広い意味で独創と他からの伝播・模倣によって発展する。[14]

②文化の領域と発展

1　技術は呪術的、形而上学的、思弁的、科学的へと機能が増大し、その結果結合と連帯が増加した。[15]

2　経済は生命維持の商品を生み出す仕組である。時代に対応する経済としては封建時代―荘園経済、民族国家――国民経済、国際社会――世界経済である。発展の動因は自然支配を増大し、結合と連帯とを増大する社会的生命自らの発展力であるのであって、経済縁なるものは結合の物的基礎にすぎない。[16]

③法律

法律は人間が国家で生活する為の機能である。法律の発展は社会の発展段階に制約される。原始社会は慣習によって動き武断的権威主義の時代には法は宗教・道徳と未分化であり、国民的自由主義の時代には法は宗教道徳と分化し法治主義となり、さらに国際法、戦争法規も生まれる。[17]

④道徳は共同社会のための機能である。

「原始時代」には道徳は宗教・法律と未分化であった。「権威主義時代」には道徳は宗教・法律とは未分化で慣習とは分化していた。「国民的自由主義時代」には道徳は法律と分化し、道徳は全体社会の規範となる。この時代は独立自尊、勤倹力行が徳目となる。「社会主義時代」は協力・協同・奉仕を徳目とする。[18]

⑤宗教

宗教とは人が生きるため価値を欲求する結果、価値の根元を「神」と信じ、これに参加合一することによって価値に参加し、価値生活を実現するのである。「原始時代」は宗教は文化のすべてであった。宗教は社会の機能であるため、社会の発展とともに進化する。宗教の独創と伝搬は社会の発展段階に制約される。

仏教とマホメット教は「武断的権威主義」の形式をとって伝搬した。キリスト教も欧州の中世期の「武断的権威主義」にカトリックが対応しており、近世の「国民的自由主義」の時代に宗教改革によってプロテスタントが形成された。

仏教でも「国民的自由主義の時代」に入り、日本では宗教改革が起こった筈であるが、期間が短く、明確にならぬうちに次の社会的仏教が要求されているのでプロテスタントに相当する仏教発現の機会が乏しかった。新しい時代の宗教は真の意味において人類的世界的宗教であるべきである。(19)

⑥学問

学問とは人間生活の為の機能である。自然界を支配して、外界自然を認識すると、技術と関係を持つ。

学問は宗教の一部である神学から形而上学へ、そして実証的科学へと発展した。

また人間の思惟に政治形式が重要な影響を及ぼす。例へば「武力的テオクラシー」の政治形式と「神学的思惟」とが結合し、「中世末期から近代初期」の形式と「思弁的形而上学」、「自由主義・デモクラシー」の形式と「科学」が結合している。しかし学問が社会段階に制約されるのは間接的である。(20)

⑦「芸術」

芸術は美を表現し、涵養する機能を有している。美には社会的機能としての人格美と人間生命的機能としての人体美、性美がある。美を表現する芸術は社会的機能的なものであるとともに人間機能的なものである。社会的人格美の方がより高級である。芸術も時代と共に変らざるを得ない。芸術が社会段階の影響を受けるには宗教と世界観に指導される。芸術における独創と模倣は社会の段階に半ば直接に制約せられ、半ば間接的に制約されながら為される。

文化の有機的連関

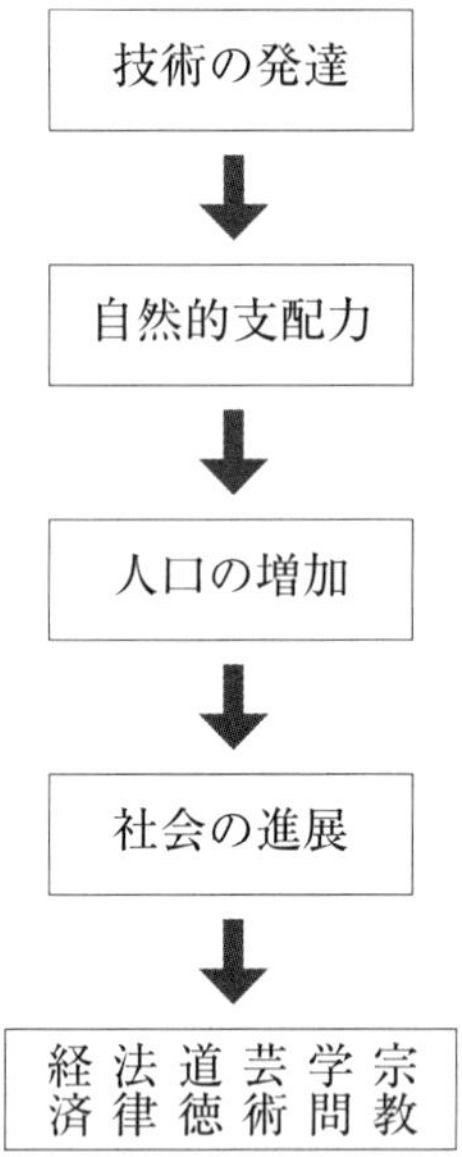

これらの要素はすべて人類の社会的生命の保存と発展に対して各々役割をもって作用している所のものである。自動的なものは社会的生命そのものであって、それの対自然的方面に於ける機能に技術・経済・学問があり、その結合的方面に道徳・法律があり、結合と生命との培養拡充の方面に宗教・芸術がある等の関係にあるに過ぎない[21]。

以上、これは中島の社会学すなわち社会の構造論、機能論、文化論であるが、その特徴としては結合本位の強調がみられること、文化については機能主義に立っているが、スペンサーの研究家としての中島としては当然のことであろう。

また個人の結合の強化をすすめる社会化と結合化を重視している点も特色をなしている。さらにその反面として個性化、分化についても研究している。

次に文化については経済、法律、道徳、宗教、学問、芸術、を取上げ、その進展についても論じている。要するにこれは中島の社会学・文化論であるが、その特徴としては、結合上位説であり、機能主義理論に拠っている。

二　発展する全体

この章は社会の全体の構造と発展のメカニズムについて書かれている。その要点を適記してみよう。

(一)　社会構造の全体と発展

1　社会は結合関係を基本としているが、その具体的な過程には権力関係や利用関係など非結合関係がかかわっている。これらをすべて含むのが「全体」である。(22)

2　結合関係が増大することによって権力関係や利用関係が変形していき社会化が進行することが社会を進展させる。社会が進展すれば全体の質が変わり、結合の一層進んだ全体へと発展する。(23)

3　全体は分量的な観念ではなく、固定的でもなく、質的で、質が変わることによって進展する。(24)

(二)　国家職能の拡大——統制経済と戦時体制

1　経済の統制ということは今迄の国家が遂行しなかった業務であるが、これを新に実施しつつある。すなわちこれは職能の拡大増加である。この事実をヘーゲルの国家論は説明することが出来ない。というのはヘーゲルの国家論は元来カントやフィヒティの法律国家説から出発しており、国家は法の具現者・化身者と考えられている。しかし国家の仕事は法の命令を下すことだけでない。自由主義国家に於ても対外防衛を実行している。今日の統制経済なるものは国家が治安維持の職能とはカテゴリーを異にする経済的・産業的職能ともいうべき今迄なかった職能を担当するようになっている。

また今日言はれている戦時体制又は準戦時体制なるものも軍事職能を国家全面に拡大膨張したことに外ならないのであって、ヘーゲル流国家論では説明出来ず、職能的国家論だけがこれを解明出来ると中島は主張している。(25)

(三) 国家、公権力、全体社会(民族)(26)

1 国家と社会は区別されなければならない。国家は職能団体であり、その国家を、成立せしめる基礎をなすものが民族という共同社会であると考えられる。

2 全体社会には公権力なるものがある。そして公権力には強制社会化の力がある。

3 社会は環境に適応するため、構成員の結合を保持増大することが必要となる。そのため強制社会化の力である公権力が要請される。

4 人類に民族という結合関係の優位する平等社会が現出するに至って、征服的権力は共同意志力へと化成し強制社会化共同意志力となる。

5 それと同時に国家は武断的権威主義の封建国家から変化して、民族という共同社会を基礎にして出来た職能団体となった。国家は職能団体であるが、全体社会を代表し、全体社会の共同目的をその職能の内容として遂行する職能団体である。

6　現代の国家は、㈠治安の維持、㈡対外防衛の機能、㈢或る程度の経済的・物質的方面の職能、㈣精神的・文化的発展の為にする諸施設の職能を遂行している。

7　これ等の職能の何れに重きを置くかにより国家の政策が変わって来る。

8　今日国家は経済的・物質的方面の職能が増大しつつある。これは今日の国家の顕著な事実であり、全体主義国家なるものの特徴の中心がここにある。これに加えて対外防衛的職能の重視が加わって全体主義国家の様相を呈している。

9　国家を職能的に考えることは、国家をそれ自身最終の目的と考えるのではなくして、国家を全体社会の為の手段と考えるということに注意しよう。

10　国家を手段視する思想は今日のドイツのナチス思想においては支配的である。ナチスでは民族を最終窮極の目的とし、その生存発展の為に国家を機能的に考えている。

（四）生産・消費・国家・民族・全体社会[27]

1　経済と産業の領域で、生産と交換と消費との過程において、新しい連帯と結合の関係が現われている。

2　生産方面における独占化・集中化・組織化はカルテル・トラストとなり、そこで働いている労働者やサラリーマンは無意識の協力者となっており、そこに新しい連帯と結合がある。交換過程では信用経済となり、それが連帯の増進となり結合の増大となる。消費過程は共同的になりつつあり、新なる連帯と結合が発生しつつある。

3　この現象は経済の全過程と消費者大衆という全体者とに現われつつある新連帯・新結合であるという見方は事態を階級主義的よりも全体主義的に考えることを、より正当なものとしている。

4　民族を全体社会と考えるのは当然であるが、この国家を改造していく民族は同じ民族でも資本主義初期の民族とは同一でない。

5　国家の職能は「全体社会」の事情に即応して変化せしめられるべきものであり、今日においてはそれが統制経済と準戦時体制となっているのであるが、これを発展の目標と考えると、発展する民族、完成される民族と考えられるべきであり、公式的には全体社会の発展というべきものである。

6　国家は全体社会の発達、人格完成の為に職能活動を遂行する団体であり、それに適応することが要請される。

7　日本の場合は日本の国情に即して国家は天皇統治の下、皇室の尊栄・全体社会の発達、すべての人の人格の完成の為、その職能遂行に当るべきものである。

（五）全体主義と独裁主義[28]

1　全体主義は独裁主義となり易い。

2　全体社会の強制社会化共同意志力は全体社会の結合を維持し増大する働きをする。

3　現存する結合の程度と強制社会化共同意志力によって維持発展させようとする結合の程度の間に平衡のとれている間はデモクラシーが行われるが、強制社会化共同意志力が率先して現在以上の結合関係を発展せしめようとすれば独裁的とならざるを得ない。

4　ドイツやイタリアの独裁主義は民族的結成がおくれた国として、それを完成する必要上より起ったところもあり、またデモクラシーが徹底せず、第一次大戦後初めてこれが徹底しかけた時コミュニズムやサンヂカリズムの直接行動等に脅されたのでその対策として独裁主義が必要となったこともある。

5 これと別に新しい契機がある。それは産業と経済に現われた新しい連帯を新結合として民族の完成発展の形において実現することである。

6 全体主義は国家の職能の拡大増加を実現するとともに、その基礎を為す新結合・新連帯を、強制社会化共同意志力をもって確保実現しようとしているところがある。

7 全体主義の体制を独裁体制によって運営する方式には権威主義がひそんでいる。これは中世期主義への逆戻りである。中世期までは征服的権力が宗教的権威と未分化に結合し神の権威によって基礎づけていた。

8 権威はかつて神の権威によって基礎づけていたが近代の民族国家となり自由主義が実現されるようになったため権威は内面的・精神的なものとかんがえられ、征服的権力は奉仕化し機能化し強制社会化共同意志力となったが、ドイツとイタリアは民族国家の形成がおくれ、自由主義が徹底する暇が無かったので、独裁主義とともに、中世的権威主義も復活したのである。

（六）公権力・宗教・愛(29)

1 全体社会の公権力と宗教は何故結合するかというと両者が社会の社会化という点で一致するから。

2 公権力は物理的強制力に依って、社会化を確保実現しようとするもので、宗教は精神的な力に依り、人の心を社会化せんとするもので、いずれも非合理的なものであるのが共通している。

3 社会結合という現象は非合理的なものである。愛も非合理なものである。社会結合を確保実現せんとする公権力と社会結合の根本である愛を教える宗教とは、ともに非合理的なものである。そして両者ともに社会化を維持し促進し実現しようとするものであるから、結合する傾向がある。そこで公権力と宗教とは長く未分化であった。

4 全体主義は新な結合と連帯とを確保し実現しようとして独裁主義にその新契機を求め、従ってそれが新たな社会化の宗教と結合しようとするのは自然である。

5 指導者原理には新しい契機がある。指導者は多く民族の為を思い民族に奉仕するという精神が旺盛であるから。

6 今のところ統制経済やアウタルキーや全体主義を通してソーシャリズムの方がインタナショナリズムより先に実現しそうな予感がすると中島は想像していてる。

7 大国の間に決戦が行はれ、武力に依り、強制的に世界聯邦が実現されるかも知れない。

8 全体なるものは固定的、閉鎖的に考えられるべきでない。発展的、開放的に考えられるべきである。これは社会の根本理法である。

ここで特記したいのは次の五点である。

その一、社会関係には基本となる結合関係と非結合関係（権力関係・利用関係など）があり、両者を合せて全体となる。結合関係を増大させることにより非結合関係も変形して社会化が進行し、社会が全体として発展するとの主張。

その二、結合優位の民族の出現により、征服的権力が社会化意志力となり、武断的権威主義的国家が職能団体となった。

その三、生産活動の独占化、集中化、組織化や統制の進行、また消費活動の共同化により国家の職能が拡大した。

その四、現在以上の結合関係を過激に発展させようとすると、独裁的とならざるを得ない。ドイツやイタリアの独裁主義は民族的結合がおくれたため、それを完成する必要から生まれた。

その五、全体社会の公権力と宗教が結合する傾向があるのは共に非合理的なもので、社会の結合を促進する働きがあるため。

ここには中島の独自の構想と展開がみられる。

二部　公権力の検証

一　強制社会化意力としての公権力の機能

この章では公権力について論究されている。

（一）権力・全体社会・公権力

権力とは非社会的・利己的に行使される社会力のことである。いま全体社会の権力を公権力と呼んでいる。全体社会とは構成員の大多数が窮極的に忠誠を捧げている社会のことである。公権力の機能は構成員を強制的に社会化することである。(30)

（二）公権力の動態性

公権力を強制社会化意力と観る観方は動的・発展的な観方である。[31]

（三）公権力の歴史的発展

公権力の歴史的発展についてみると、国家が発現する以前すなわち父権社会の段階までは公権力は微弱であった。武断的権威主義の段階では公権力は文字通り権力であった。

封建制の時代には公権力は複合的になり、部分と部分を結合させる役割を果す。

民族国家となると公権力は新しい統一を実現し結合度が増大する。国家は職能的共同団体となり、治安維持、対外防衛を担うようになる。

自由主義とデモクラシーの時代には公権力と社会の結合連帯のバランスが比較的にうまく均衡していた時代と中島はみている。[32]

（四）公権力の非合理性

公権力が非合理なものと言はれる理由
その一、公権力の主体をなす集団の意志力が非合理的であり、その上に受手の社会大衆も更に非合理的な存在であるからである。

その二、強制社会化意思力としての公権力は社会結合を創造するという意味で非合理的なものと考えられる。

その三、民族的共同社会の非合理性

自由主義時代においては公権力の非合理性は目立ちにくいが、その基盤が非合理的なものである。[33]

中島の公権力に関する考察は極めてユニークで興味深い。

二　強制社会化意力を中心として観た政治・宗教と法と道徳

（一）社会の基礎構造（結合・連帯）の維持機能（社会化意力）

中島は社会の基礎構造は結合と連帯であり、それを維持強化するものを強制社会化意力と呼んでいる。この社会化意力は権力が機能化したものをそう呼んでおり、これは中島独自の専門用語である。[34]

（二）人間社会の歴史的第一段階――原始時代の宗教・道徳・法

中島は社会の歴史的発展段階を原始時代、武断的権威主義、国民的自由主義時代に区分している。[35]

1　原始時代　人類が部族・氏族の生活をした時代で前期と後期があるが、後期のみについてみると、牧畜農業、自然崇拝と祖先崇拝、一夫多妻制と父権を中心とする家族制などで特徴づけられる。呪術宗教も幾分分化が始まっている。宗教・道徳・法律は未分化である。祭政も未分化で権力は呪術的・宗教的なものである。

武断的権威主義時代以下については宗教・道徳・法について詳述する。

(三) 武断的権威主義の時代の宗教・道徳・法

1 父権社会に於て萠芽のみられた国家が武力的征服に依って形成された。こうして発現した政治は著しく権力支配的である。しかし一度権力が成立して新しい全体社会が出来ると、やがて全体としての社会の発展の為に役立つように機能化せざるを得なくなる。全体社会における公権力が機能化すれば強制力をもって社会的結合を促進させる。

2 武断的と規定されるのは、公権力が武力的、征服的であって武断的であるためで、全体社会の結合連帯の程度が低く、支配的集団と被支配的集団や他の社会との間に結合連帯が少ないからである。

3 このような状態において、政治と道徳と法との関係は次のようになる。政治は「神」意の代行として宗教上の権威を以て行われ、道徳上の権威的命令を下すことによって為される。

4 国家は種族移転と征服によって発現したいくつかの部族・氏族が一つの権力に統制せられ一つの全体社会となる。
一度権力が成立して新な全体社会が出現すると、被支配階級の生活利益を考慮に入れて行動せざるを得ない。全体社会における公権力の機能は強制社会化であるから、公権力が機能化すれば、強制力をもって社会結合を確保発展する機能を営む。

国家は全体社会を代表し、全体社会の共同目的を達成するための組織であるが、その権力支配の中に、権力者の保護恩恵という形をとって、国内の治安維持と対外防衛の機能が含まれている。

5　武断的権威主義の時代では公権力が宗教上の神の代表者という立前をとって被治者に臨み、道徳その他の文化価値は公権力をもとに権威的に命令する。政治も公権力を行使する。

6　公権力も機能化し強制社会化機能を遂行し、政治も同様に強制社会化の機能を果す。

公権力が武断的と規定されるのは、全体社会の結合連帯が低く支配集団やその他の集団との結合連帯の程度が低いからである。

7　治安維持と対外防衛は全体社会の共同の生存利益を守ることであるが、社会化意力は全体社会の共同生存利益を組織化して之を国家の共同目的として遂行する役目を帯びる。

8　この段階では公権力奪取の為の政争が武力闘争の形をとる。

9　既存の支配集団を政権から追放し、新しい支配集団が政権を奪う時、多くの場合戦争という武力闘争となる。

10　この段階においては宗教と道徳と法とは未分化である。

11　法は裁判規範として発達したもので、刑法と私法は未分化の状態であった。

法は公権力の意志するものを命令するが、また公権力は神の代表者であるので道徳上の権威者であり、法は宗教道徳と未分化である。

12　ここで政治と道徳と法の関係についてみると、政治は神意の代行として宗教上の権威をもって行われ、道徳上の権威的命令を下す。従ってそれは法の淵源であり、命令者であり、また法に拘束せられることもない。

13　公権力をめぐる集団間の闘争も宗教上の権威者たらんとする闘争であった。公権力は神を代表する道徳法律上の権威者であるため、政変は宗教・道徳・法律の全体系の根本的変革を意味する。(36)

（四）国民的自由主義の時代の国家・政治・宗教・道徳・法

1 近代的自由主義の時代に変わった理由は民族という新しい大共同社会の出現によるというのが中島の確信である。政治的には国王が経済的に勃興した都市民と結合し、統一国家を創ったことによるが、精神的にこれを助長したのはルネッサンスと宗教改革であった。初め国王による専政政治であったが、経済活動の自由と宗教や思想の方面の自由の要求が合わさって自由な政治運動が展開され議会制など自由を保障する制度を確立した。

2 こうして公権力の機能化がすすみ、公権力は強制社会化機能を果すようになった。そこで政治は強制社会化意力を行使して遂行されるようになった。

3 この時代に入り宗教と道徳と法は分化した。この段階に入って、全体社会の結合と連帯とが著しく増大し、権力が機能化し、政治と宗教、政権と教権が分化し、宗教道徳は内面化し、その基礎的共同社会に根ざすものとなるにつれ、公権力は道徳内に於て道徳に服従せねばならなくなった。

4 自由主義時代への変化は物的方面では交通が発達し貨幣に依る商業が発達したことによる。

5 政治的には有力な国王が都市の平民階級と結合して中間の武門階級を倒して統一国家を現出した。

6 これに続いて自由主義の運動となり天賦人権説や社会契約説にたすけられて国民的自由主義が進展した。

7 公権力の機能化は顕著に進行した。機能化した公権力は強制社会化機能を果たすものとなる。

8 国家の職能は民族という全体共同社会の共同の生存利益を保持することである。

9 公権力は機能化し、国家は職能を遂行するための共同団体となったので、これが政治的行為の性質の変化のもととなった。

10 政治は強制社会化意力を行使し、強制力を用いて、社会化作用を実施する。

11 国家の組織の創設維持は立法であり司法であり行政である。

12 政治は通常行政と区別して君主・大統領・議会・選挙民団・内閣等のみに関する法的行為を政治という。然し純理的には国家の意思組織に関係ある行為をなすものはすべて政治といえる。

13 政治上の闘争は政党によって為されるようになる。

14 政党は国家の政治を自己の信ずるより良き方向に向はしめんとして闘争する。

15 闘争の形式も武力的闘争の形式を取らず、法的規範内に於て、言論や宣伝などの法的手段により国民の賛成に訴えて選挙による投票を得ることによって為される。

16 この時代に入って宗教・道徳・法が分化した。

17 法は憲法、行政法的な意味において公法が実現せられ、為政者の地位や行為が法によって規定された。また私法と刑法は分化し、私法には民法・商法という二大体系が出来た。

18 宗教・道徳は内面性・自律性が実現され、平等道徳となり、民族にもとづくものとなった。

19 道徳は全体社会的な行為規範と考えられるようになった。

20 民法・商法は国家の裁判所の裁判規範を第一とし、人民の社会生活の行為規範を第二とするようになった。

21 政治と道徳の関係が変わった。国民的自由主義の段階に入って、全体社会の結合と連帯とが著しく増大し、権力が機能化し、政治と宗教、政権と教権とが分化し、宗教団体が内面化し自律化し、基礎的共同社会に根ざすものとなった。

22 政治は法に対しては、より根本的な活動であって法を改廃変更する行為である。[37]

（五）多民族社会

1　民族国家が一民族以上の範囲に迄拡大せられ、他の少数民族や植民地的隷従種族を包含し、所謂帝国となった場合に於ては、中心となり基礎となる民族に関してはこれまでのことは当てはまるが、少数民族や隷従種族に対しては、強制社会化意力は著しく権力的様相を呈し、政治は武力的支配の性質を帯び、法を以て宗教道徳その他の文化を強制する所の権威主義の原理が行はるるを常とする。

2　これは基礎社会の融合社会化が無く基本民族と少数民族又は隷従種族との間に、結合と連帯とが少ないからである。(38)

（六）全体主義・ファシズム

1　資本主義が独占的・集中的・組織的になるにつれて、生産組織に於て、資本家と労働者、雇用者と被雇用者との階級が発生するに至ったのは否定すべからざる事実であるが、之を中世期の階級の如く考えるのは非常な誤りである。階級は決して単純に二つのみ有る訳でも無く、その間が割然として越ゆべからざる溝渠に依って隔絶して居る訳でもない。

2　産業社会や経済社会は民族なる基礎社会の一面を為し、消費者・使用者としては、民族とその基底を同じくし、それが独占的経済権力を中心として組織化に近づきつつあるのであって、これまでの原始社会が血縁、その後、今日までが地縁を主とする社会であったとするならば、今後の社会は地縁の上に経済縁を以てしたる社会となろうとしている。

3 資本的権力は部分社会の私権力であるが、此私権力が強制社会化機能を為す公権力を独占して、強制社会化意力と化した公権力を、再び言葉そのままの意味に於ての権力と化せしめんとする傾向があるのが、資本主義の顕著なる一面の事実であって、之が為に国家の職能活動に偏倚現象が生ずるのである。

4 中島によると我らの任務はイタリー・ドイツの全体主義国家とソビエート・ロシア共産主義国家と英米仏の如き民主主義国家とを、何等のイデオロギーやイズムに拘泥せず、科学の立場から等しく説明して人類社会の未来の展望を示すことである。その為すべての社会的事実を批判的に真相を把えなければならぬ。

5 イタリー・ドイツの独裁政治は国家の公権力が私権力を超克して、新なる強制社会化意力として自己を再確立しようとしている。ロシアも同様である。

6 将来社会の結合連帯が今までの社会の結合連帯以上の結合連帯となるのであるとしたならば、それに対応して、それを確保実現せんとする強制社会化意力は益々機能的なものになる外無い。

7 此の新なる強制社会化意力は全体社会の新なる生存のための共同目的としての経済を組織化して国家の職能として遂行する任務を有するものである。

8 国家が経済的職能を担当するものになるということは、国家をして益々職能的共同団体化せしめることである。

9 公権力が益々機能化の程度を進め、国家が益々職能的共同団体的になるものとすれば、政治も益々機能的になる筈であり、道徳と法律とは、その内容が大変革を経験するとしても、その分化及び政治との関係には変りなく、むしろ益々明白に政治が道徳に遵據しながら法を創造するという関係を実現するに至るであろう。

10 現在イタリー・ドイツおよびロシアの権威主義は、自由主義が徹底せず、武断的権威主義の段階を脱出したとしてもなを遠くまで発展することが出来なかったためという、此の国に於ける一時的現象であって、中世期主

義の一時的復活に過ぎないのである。(39)

三部　文化発展論に於ける機能主義の立場

一　文化変動論

この論文ではまず各種の文化発展論が述べられている。(40)

(一)　独立進化論

これは文化自体で独立に進化すとの説であるが、この説を代表するのはスペンサーである。彼は進化を㈠統合、㈡分化、㈢統合と分化が調整と秩序に向かうこと、であるとした。彼はこの根本原理によって宇宙天体、生命、心理、社会を考察し、文化を研究した。ウエスタマーク、ホブハウスもこれに属している。

(二)　絶対価値の実現説

文化の進化は時間の経過において少しずつ、人間に依って絶対価値を覚知され実現するとの説、ドイツの観念論的理想主義の立場がこれに当るとみている。

(三)　伝搬論

これは文化は伝搬によって発展するという説、伝搬説は文化の伝搬の経路を歴史的実証的に検証する。

(四)　独立発明説

この説は文化の発達は独創的発明によって実現するとの見方である。生物における突然変異に当るものが独創的発見又は発明ということになろう。歴史上の発見や発明が行われたことは事実である。

(五)　定向進化説

生物の進化に一定の方向があるとされているように文化に於ても変異や突然変異に相当する発見や発明が行われて、進歩発達するものと考えるが、それは出鱈目の方向に向うものではなくて、一定の方向に向って居ることは否定出来ない。発明や発見が出るとしても必ず先行文化と環境文化とに決定せられて、一定の方向に向っての進化発達すると考えられる。

中島は同書において社会の発展変化を論じ、それに対応して文化の変化論を考察しているが、最も重要なものはスペンサーの文化論である。

二　文化の機能

文化の本質は社会に対して一定の機能を果すことにある。ところで機能とは全体のうちにあって全体の為めに、或る役割を為す働き、作用という意味である。

文化とは人間生活によって産み出されたもので、宗教・芸術・道徳・法律・学問・経済・技術等である。これらの文化には社会的機能を果すものと、生命的機能を果すもの及び社会的・生命的の双方の機能をなすものがある。学問・経済・技術の三者は人間そのものの生活に関する生命維持機能を果たすのに対して、道徳・法律は専ら人と人との関係に関する機能を果たす。それに対して宗教と芸術は両方の機能を果たすものである。

中島は文化変動の考察において機能分析法は最良の研究法であると評価し、これを駆使している。そこで次に機能主義の分析法を考察してみよう。

（一）技術と学問

先に示したように技術と学問（ここでは経済は省略）は人間生活にとって生命維持に関係する機能を果す。技術は純然たる自然利用的なものであるが、学問の場合には自然利用的なもののほかに、論理的体系をもっている。学問と技術は人間の生活的な技能であるが、その発達は社会の発達と関連している。(41)

（二） 道徳と法律

道徳と法律とはともに社会の結合の為の規範である。そのうち道徳は全体社会に対して機能を果すものであり、法律は国家に対して機能を果している。双方ともに社会の結合にとって機能を果しているから、その発達は全体社会と国家の発達段階と厳密に対応している[42]。

（三） 宗教

宗教は社会的結合と生命結合の双方に対して包括的に機能を果している。

①環境への順応

宗教は環境に対する順応を可能にして、社会生活を活性化する働きをしている。人は自らを否定して環境に順応することによって、人間の二種の価値（社会価値・道徳的価値と運命価値・幸福価値）の窮極的実現を確信させ、それへの参加を意識させる。これによって生死病老の問題や善や正義の窮極的保存実現を確信する[43]。

②宗教の歴史的変革

ヨーロッパでは近世に入ってカトリックに対抗してプロテスタントが出現した。それは封建時代の宗教としてカトリックが最早や新しい社会段階に機能し得なくなった為、宗教改革の必要が起り、プロテスタンチズムが出現したものである。

日本においても封建体制が崩壊し国民的自由主義の段階に到達したため、宗教改革の可能性もあったが、成功していない。これについて中島は明治維新以来の年数があまりに短かく、また物質文明の進歩があまりに急激であったため、宗教改革を日本の伝統宗教の線に沿って為し遂げる余裕が無かったからと説明している。

また中島は国民的自由主義の段階が終末に近づき、新しい段階として国際的社会主義の時代を迎えようとしているので、第二の宗教改革が始まりかけていると述べているが、これが中島が主宰する「社会的基督教」による宗教運動の根拠である。(44)

③宗教における独創と模倣による伝搬

宗教における独創というのは新しい宗教を創始することである。例としてはイエスによるキリスト教の開教、釈迦による仏教の創始、さらにマホメットによるイスラム教の創始があげられる。その後の発達に於ては此等の新解釈、新発展として、創始の形式をとることが多い。宗教の改革創始は多くの場合「教祖の精神に還る」という形式を取るが、実質的には教祖の宗教の発展となっている。

宗教は固定的な性質を持っているので、模倣による伝搬が大きな役割を果す。西洋が主にキリスト教国であり、東洋では主に仏教国であり、アラビア、トルコなど中東諸国がイスラム教国であるのは伝搬の役割の重要さを示すものである。

伝搬も模倣であり、伝統の継承も模倣であるから、いかに宗教において模倣の作用が強く働くかを示している。宗教の固定性もこれと深く関連しているといえよう。(45)

（四）芸術

芸術も社会結合のための機能と生命生活のための機能の両者を包括する機能を果すものである。社会結合の為の最高の機能美は人格美であり、活動美である。また生命生活の機能では人体美が重要である。社会結合の機能美は社会の発達段階に対応して現われる。例えば原始時代には刺青の美や酋長の蛮勇の美がある。封建時代の美は剣撃闘争の間の勇壮美とか、領主に対する忠誠犠牲の美がある。さらに商工資本主義時代にも之に相当する社会機能美がある。

しかし生命機能美については環境の相違によって異なる美があるとしても明瞭でない。

芸術における「独創」は機能の線に依って淘汰される。これまでの芸術より一歩進んで新しい機能美を表現したものが社会に取上げられるが、然らざるものは淘汰される。

「模倣」は芸術においても顕著である。然し模倣も亦機能の線に依って制約されており、他の芸術より一歩進めてよりよく機能するものが取り入れられ模倣されるのであって、独創の場合と同じである。(46)

（五）中島重による第三部の要約

1　文化は機能的なものであるが、個々の文化領域は全体が相関連して、人類の社会生活と生命生活との為に機能している。

2　人類の生命と社会の発達に対応して、文化全体はその機能として変改せられ、発達せしめられるものと考えられるべきであるが、此の根本的見解の上に独創創始の事実と模倣伝搬の事実とが認められるのであるから、これらを第二次的原理として取上げたい。

3 スペンサーの言う分化と統合も機能主義の立場に取り入れることが出来る。原始時代に呪術的宗教のうちに未分化に包含されていた文化のうち、まず呪術や技術が分化し、ついで学問、法律・道徳が分化して今日のようになった。これと関連して統合について見ると、宗教は宗教として体系的な全体として発達し、芸術や学問や、道徳や法律や、技術等もすべて同じく、それ自身体系をもつ全体統一的なものとなって来たこと、及び文化全体が相関連し、相連繋せられて来たことを以て統合と考えることが出来るとしている。

4 次に定向進化についてみると、これも機能主義の立場から認められる原理といえる。すなわち社会の進展が定向進化であるとするならば、その機能たる文化の発展は、機能の線に沿う定向進化であって、文化の発展は社会の発展と相関的に離すべからざる関係に於て同一方向に向って進むものと観なければならぬのであるとしている。

5 最後に、文化は絶対的なものではなく、相対的なものである。文化は社会発展の途上に於ける価値であり、生命と社会との機能としての価値である。内容的に常に変化し進展していて同一ではあり得ない。このような意味において文化は相対的なものである。機能という点に文化の妥当性の根拠があり、それは客観的な標準であり得る。しかし内容に至っては常に変転極まりないものであり、常に能率の線に沿うて発展して行くものである。

四部　宗教を社会的・機能的に観る

次に宗教に関する中島の主張を摘記してみよう。

（一）　宗教哲学

中島によると宗教の本質を客観的、科学的に論ずる宗教哲学は人間の宗教経験に基いてたてられなければならないものである。その点からして「神」をもとにしては、一宗一派の「神学」は出来ても科学的学問としての宗教哲学は建設されない。「神」は宗教信仰上の根本であるが学問上の原理とすることできないのである。

バルトは神学以外宗教哲学なしと主張したため宗教に関する客観的、学問的研究が大いに妨げられた。中島によるとバルト神学は宗教哲学としてみると、非学問的暴論であるとのべている。

西洋哲学はキリスト教を中心とし、若干の原始宗教を加えたに過ぎず仏教は除外されている。したがって日本に於ける宗教哲学としては、仏教に位置づけを与えた宗教哲学を造らなければならない[47]。

（二）　宗教とは何か

宗教はなんらかの形に於ける「神」を生活の基本原理とする。神を前提とすると共に、自己否定の態度を以て、神と一致し合一し、我意志を捨てて、その意志その生命を我意志、我生命として活きようとするものである。神と一致し合一して意思し生活することを肯定という。このように否定と肯定とがあるということが宗教の特質である。[48]

（三）　人間にとっての意義

神と関係する生活は人間の生活上の不満苦悩から発生する。その最たるものは生死病老の問題である。天変地異や疫病によって生命が脅かされ、死の恐怖を感ぜしめられることが多い。その時神という優越的な存在者に随順してその力に依って生きるとか、また神と合一し、天地の現象に超越して生活するという自己否定の態度が生まれる。

今一つ社会生活と自我との乖離の問題がある。人間は社会生活を営むが、その為種々の従うべき規範があり一致を要請される。しかし自分の欲求もあり乖離が存在する。

そこで神に自己否定することにより、社会生活との一致を実現し、心の平安を得、満足を感じようとする。これは道徳価値の保存である。

主権者・為政者の意思や命令として我に要請されるものと自我の欲求との間に乖離が存在する。そこで神に自己否定して神と合一して生活することによってこの乖離を消滅せしめ、平安な心を持って社会生活を営み、喜んで道徳と社会規範に従い、社会に対し自己奉献・自己犠牲を遂行するようになる。[49]

（四）　宗教の機能

宗教は神と合一することにより、社会生活と自我との乖離を無くし、さらに自然界・外界と自我との矛盾をなくする意味に於て、社会生活機能と生命生活機能との両面にわたって機能を果している。これを可能ならしめるのはただ一つ神の生活原理である。

宗教は個人が自己否定して神に合一し服従することを要求する。自己否定なき宗教は宗教でない。

人間は小環境や部分的環境に対しては、技術や科学を以て之を支配し改変加工して、生活を打ち立てていくことが出来るが、生死というような大きな出来事、科学や技術によっては如何ともすることの出来ない人間の全存在の根本に関する運命的な情況に対しては、逆に随順という態度を取ることに依って、却って活きる途を生み出したことは偉大な創造であった[50]。

（五）　普遍宗教と神

次に代表的な宗教の神についてみてみよう。「一神教」は民族宗教としての人格的多神教から発達したものである。一つはユダヤの「ヤーヴェ」神の拝一神教、インドの交替一神教、次いで宇宙的一神教があり、さらに普遍人類教の段階になる。これがイスラム教と仏教と基督教である。

イスラム教の神観は超越神観である。これは神が自然、社会、人間に超越すると観る。神が帝王の如くその意思と律法とをもって統治する。超越神が帝王の如く支配する天地・自然・社会・人間そのままが大環境のすべてである。

ユダヤ教でも同様に神がその意思と律法によって支配統治する此天地社会が大環境である。この場合にも神は大環境である。

仏教においては「真如」、「大日如来」や「久遠本仏」、「阿弥陀如来」等が大環境である。仏教においては問題の提出の仕方は生死病老に傾いている。これを解決するには生死病老を起こさす大環境そのものと抱合し、一致してこれを解決するので自然的存在そのものが「真如」と見られ大日如来、久遠本仏、阿弥陀如来と観られているので神は大環境との観方がよく当てはまっている。

キリスト教は本来の神観は超越的神観である。しかし神は超越の一面を持ちながら同時に自然にも社会にも人間にも内在する面を有している。そして社会観としてはすべての人類は神の愛に包容せられてゲマインシャフトを為すというのである。

キリスト教はユダヤ教の伝統をひきついで、神を活動的に考える。神が目的をもち経綸を以て天地や人界を支配し、その目的と経綸とは歴史の過程に於て実現されると考える。仏教が超時間的で、静止的循環的であるのとは著しく相違している。

キリスト教の超越神は帝王の如く支配するが、中世期には之をカトリックの法王の支配する教会的帝国に即して考え、民族国家以降においては、プロテスタンティズムとして、個々の個人が直接に神の意思と律法とに依って支配統合せられたものと考えた。

①科学と哲学の発展とキリスト教の神観

十八世紀にニュートンが万有引力を発見し、自然に理法があることを明らかにしたため、宗教の環境観との調和が困難となって来た。

ついでカントが認識批判により科学を基礎づけるとともに、それに一定の限界を画し、「本体界」を科学の認識以上の世界として宗教の成立する基礎を明らかにしたことは科学と宗教との区画と調和との問題に大きな役割を果した。しかし宗教と科学の積極的関係についてはまだ不十分であった。技術と科学は環境に対する支配利用に関する文化、宗教は環境全体に対する人間の随順的方面の文化であると解して一層生活的に統一されたと信じるが、自然科学が発展し環境の観方が変わって以来、キリスト教の神観を訂正することが必要となった。

中島によると、神観は知識の発達と社会生活の進展とに応じて常に改訂せられ、発展せしめられ、一時と雖も同一状態に止り得ないものである。キリスト教においても神観は決して一時も停止固定しているものではないと言う。二十世紀における物理学の発展による自然観の変革と資本主義のあとの社会主義の到来、国際的世界社会の時代に即して社会観の変革に即応した新しい神観が確立さるべきである。(51)

(六)　神秘的体験

神秘的体験なるものはすべての宗教に存在するものである。神秘的体験は宗教において中核的な重要性を持つもので、概念体系に生命を与へ、動力を供給し推進力を提供するものである。故に神秘的体験は宗教哲学に於て十分尊重して考察されねばならぬ。神秘的体験は一言にして言えば神と一致した体験、神と合一した体験である。神を見、神を聞いた体験である。

これにより我々は生命も忘れ我も忘れ、踊躍歓喜して、自己否定の態度に出ることが可能になるのである。この体験が少しも無ければ遂に宗教のことは解らぬのであって、その信仰は単なる概念体験に過ぎないのである。神に対する自己否定もこの体験に基くのであって、単なる観念や概念に対して自己否定も自己奉献も出来るものではないのである。このような体験が宗教の中心である。それは言葉や概念で説明すべからざる体験である。もし共通の特徴があるとすれば己を忘れ、自己を忘却して神と一つとなった感を持つということであろう。

中島はこの神秘的な体験をもって我々が大環境の真の実体・実相に触れる片鱗的体験と解すべきと考えている。

環境を技術と科学とを以て超克して利用し支配せんとする角度からは、環境は法則的なものと映じ、物的存在の様にも観られるのであるが、環境全体への随順の角度から我等が全人格の全生活を以て之に自己を抛げつけ、抱きつき、一体となる角度からは神秘的体験として活ける神として、我等に体験せられるのではあるまいか。神秘的体験こそは実に活ける実在の真の神と我等人間とが接触する唯一の道である。

神秘的体験は自我が宇宙の実在と皮一重を隔てて接触し、一種の浸透作用という様にして彼の意思を知り、心を知り、彼の意思と心とを我意思と我心とに滲透させることであるまいか。神の観念は常に機能的なものである。しかし真の実在の神は永遠に儼乎として人間以前の実在である。真の実在の神は人間以前の実在である。それは人間の存在そのものを可能ならしめ人間の存在そのものの前提となる囲繞的大存在である。

そこで神秘的体験は宗教生活の動力となるにもかかわらず神観としての形而上学的概念体系と倫理的、社会的思想体系とに方向づけられ、規正せられ包攝せられる必要がある。神秘的体験のみを宗教の全部とすると無軌道な神秘主義になる危険があるからである。この神秘的体験は実在の真の神と機能的な神観念との中間に在り、人間と神的実在との浸透作用に似たものであるが、之を考察するには人間の側から為すべきで、人間の生活に対する機能の立場からなすべきである。[52]

（七）　大環境と大実在

生活関心の係る環境を利用し、超克し加工して生活を打ち立てようとする角度に技術と科学が成立し、この環境を全体として自己否定して随順することにより活きる途を見出したのが宗教である。

中島は活きんとする我々を囲繞する全存在を大環境という。大環境の実体そのもの、実相そのものは科学が如何に進歩しようともその一面を観るだけでは把握し得られるものではない。

大環境は神として人間に自己を示現する。人間は神秘的体験、即ち宗教的体験に依って之を神として体験する。大実在は豊富で多面的である。科学として観るのはその一面を観るのであるが、宗教の対象として、神秘的経験の対象として観るのも亦一つの観方である。

現在までの科学が大実在の真の一局部の一面的な観方として、大実在の人間的把握に過ぎないように、現在迄の宗教の神観も、たとえばキリスト教の神観といえども、大実在の人間的に簡素化された一つの把握にすぎないと思うべきである。

あとがき　強制社会化意力と社会化愛の宗教

社会の進展には政治力と宗教力がともに必要であるが、これが忘れられ、政治に重きをおくものは宗教のことを無視し勝ちで、宗教を信ずる人は政治に無関心なことが多い。

宗教は結合と連帯とを培養する社会化愛の源泉である。新しい社会化愛の宗教は新しい意力を成立せしめ、之を機能的奉仕的に作用させる精神的・指導者とならねばならぬ。

この意味においては強制社会化意力が社会化愛の宗教に一致することが要請せられる。人類社会の今要求しているものは一層高次の新なる社会化愛の宗教である。(53)

結び　強制社会化意力と社会化愛の宗教

中島は「あとがき」で新しい社会をつくり上げていく上に必要なものとして強制社会化意力と社会化愛の宗教をあげている。

まず個人が結びついて出来る社会と文化を分ける。

1　社会を結合本位的なものにするためには「強制社会化意力」が必要となる。

2　文化の発展を機能的にみると重要なものは「宗教」と考えられる。

3　社会には「政治」と「宗教」の双方が必要である。

4　強制力は新しい結合力と連帯との保持を実現するのに必要であり、宗教は新なる結合と連帯を培養する社会化愛の源である。

5　中島によると、これからは今までのように強制社会化意力と宗教が結びついては現われない。

6　新しい宗教は新しい意力を成立せしめるから、これを機能奉仕的に作用せしめる精神的指導者とならねばならない。そして強制社会化意力が完全に社会化愛の精神によって行使され運用させられるのが理想である。

7　その意味で強制社会化意力が社会化愛の宗教に一致することが要請される。

8　新しい社会は力だけでは生まれない。それにふさわしい社会化愛の宗教が必要である。立派な宗教がないと立派な社会は出来ない。

9　これはコミュニズムやナチスのドイツ・クリスチャンや二十世紀の神話ではだめで、もっと高次の宗教――新なる社会化愛の宗教である。今求められるのは社会化愛の新宗教であり、神の国実現の宗教である。(54)

最後に

本書には中島の社会哲学が書かれている。その中核は、㈠社会本質論、㈡社会構造論、㈢社会変動論、㈣文化の機能、㈤宗教の機能である。これについては随所にコメントした通りである。

最後にここでふれておきたいことは、文化の一項目としての宗教について詳細に論じているが、これは「社会的基督教」による実践活動を理論的に基礎づけている貴重な労作である。

[注]

(1) 中島重『発展する全体』理想社出版部、昭和十四年、四頁。
(2) 同、七頁。
(3) 同、八頁。
(4) 同、八頁。
(5) 同、八頁。
(6) 同、八頁。
(7) 同、八頁。
(8) 同、八頁。
(9) 同、四四〜四五頁。
(10) 同、四五〜五一頁。
(11) 同、五一〜五二頁。
(12) 同、五三〜六四頁。
(13) 同、六四〜七二頁。
(14) 同、七二〜七六頁。

(15)同、七六～七七頁。
(16)同、七七～七九頁。
(17)同、七九～八一頁。
(18)同、八一～八四頁。
(19)同、八四～八七頁。
(20)同、八七～八九頁。
(21)同、七二～九四頁。
(22)同、一四八頁。
(23)同、一四八頁。
(24)同、一四八～一四九頁。
(25)同、一四九～一五二頁。
(26)同、一五二～一五四頁。
(27)同、一五四～一五七頁。
(28)同、一五七～一六〇頁。
(29)同、一六〇頁。
(30)同、一一二～一一三頁。
(31)同、一一三～一一四頁。
(32)同、一一四～一一八頁。
(33)同、一一八～一二六頁。
(34)同、一二七～一二八頁。
(35)同、一二九頁。
(36)同、一三〇～一三五頁。
(37)同、一三五～一四二頁。
(38)同、一四二～一四三頁。
(39)同、一四三～一四六頁。

（40）同、一七四～一八八頁。
（41）同、一九〇～一九三頁。
（42）同、一九四～一九七頁。
（43）同、一九七～一九八頁。
（44）同、一九九～二〇五頁。
（45）同、二〇五～二〇六頁。
（46）同、二〇六～二一四頁。
（47）同、二四七～二四九頁。
（48）同、二五〇～二五一頁。
（49）同、二五一～二五四頁。
（50）同、二五五～二六三頁。
（51）同、二六三～二七〇頁。
（52）同、二七〇～二七四頁。
（53）同、二七四～二七五頁。
（54）同、二七八～二七九頁。

六章　「わが屍を乗り越えて進め」
――暗い谷間の中島重と「社会的基督教」

はじめに

第一次世界大戦後にヨーロッパに生まれ、日本に強い衝撃を与えた新しい思想運動が四つあった。一つはマルキシズム、二つはバルト神学、三つはファシズム、四つは社会的基督教である。

ここで取り上げる「社会的基督教」はアメリカの「社会的福音運動」をはじめ、個人を超えて社会を重視する多くの社会思想運動の遺産に影響を受け、中島重等によって昭和初年に始まり昭和六年九月に形成された信仰集団であるが、活動し生き延びる為、他の三または四つの集団と対応しまた対決を迫られた。

まず第一は同じプロテスタント集団との関係である。一般のプロテスタントの多くは個人中心に行為し、信仰においても人と神の直接交流による個人の救霊にとどまり、社会や社会問題への関心は薄い。これに対して、社会的基督教は社会本位の立場をとって個人の救霊・救済にとどまらず、プロレタリアートの救済を説く。したがって両者はかなり異なった生き方をしている。

第二に、わけてもバルト神学は、神の超越性、神本位を説き、逆に人間の無能を宣言し神の国の実現にも参与することはないという。そこで社会本位を根底におき贖罪愛によって神の国を此岸に創ろうとする社会的基督教はバルト神学と対立せざるを得ない。

第三は、マルキシズムとの闘いである。マルキシズムによると資本家の搾取によって多数の貧しいプロレタリアートが生み出されており、これが社会問題の深刻化に強く関係しているという認識においては社会的基督教も同一であるが､解決方法は全く違っている。マルキストは階級闘争により社会革命を実現し社会主義社会を創り出そうとする。ところがロシアに実現した社会主義社会は市民に全く自由のない独裁主義の収容所列島であった。社会的基督教も社会主義社会を望んでいるが、暴力によってではなく、贖罪愛によって人を結びつけ、組合を結成しその連合体を作ろうとする。いずれにしてもマルクス主義者は宗教は阿片だと攻撃するから最大の敵である。

第四はファシズム化した国家権力の弾圧に耐えなければならなかった。そもそも外国生まれのキリスト教は当時の日本の官憲にとっては疑わしく信頼出来ない存在であり、ともすると外国人はスパイの嫌疑さえかけられかねなかった。そんなわけで関西学院でも昭和十五年にはベーツ院長以下すべての外国人は帰国したのである。

官憲の弾圧は思想にも容赦なく注がれた。「社会的基督教徒聯盟」の委員長であった中島重は「天皇機関説事件」の余波を受け､「天皇機関説」の講義を禁止され、著書『日本憲法論』を絶版にせよとの厳命を受け従わざるを得なかった。

さらに昭和十六年十二月八日に日米開戦となると、特高警察は「社会的基督教徒聯盟」の解散と機関誌の廃刊を要求して来た。それは拒否することの出来ない弾圧であった。

ここで本書の主人公である中島重の略歴と人柄について述べておこう。中島は明治十三年に新島襄によってキリスト教の福音が伝えられ、十五年に創設された高梁教会の日曜学校に通い、岡山の旧第六高等学校の学生の頃洗礼を受けた。そのあと東大法学部に進学し美濃部達吉に憲法を学び、吉野作造に民本主義を教えられた。同時に海老名牧師の本郷教会に属して機関誌「新人」の寄稿者となり、編集責任者の吉野作造のもとで編集にもかかわった。そして大正六年には海老名弾正と吉野作造の推薦によって同志社に就職した。大正九年には海老名牧師が同志社総長に就任したのでこれを助け、同志社アカデミズムの高揚に大きく貢献した。大正十一年には『多元的国家論』を公刊して広く学界に知られるようになり、看板教授の一人と目されるようになった[1]。

ところが昭和三年末、御所に近い同志社で失火事件が起き、その責任をとり理事会が総辞職したが、それが海老名総長の退任問題とからんで、学生のストライキや教員集団の反対運動などがくり広げられ騒動となった。中島重は法学部十三名の教員を率い理事会と対決したため、ついに四年五月には解職という厳罰を受けて同志社を去った。

ところが同志社では去ってもなお中島は歴史に残る「人格者」であったと高く評価されている。それは『同志社百年史　通史編2』の第三章に「社会的基督教」という題で専ら中島重について論述されており、さらに『同志社の思想家達』（上・下）では竹中正夫によって中島の活躍が敬愛を込めて語られていることによって証明されている。

また中島について愛弟子の田畑忍、嶋田啓一郎はじめ、竹中正夫、武邦保などは合計十編ほどにも及ぶ、中島重に関する重厚な論文を書き、称讃している。

田畑忍は中島について「高邁な風格と溌溂絢爛たる雄弁と新鮮にして明快なる内容の颯爽とした講義によって、当時の学生に学問的に多大の刺激と人格的な影響を与えた。それだけでなく、其の社会的キリスト教主義に徹した信仰と実践によって甚大なる感化を同志社のみならず、広く日本のキリスト教徒の間に残した」（田畑忍「中島重博士の国家論」一頁）と称讃した事実は既に二章において述べている。

同志社を去った中島はあつい信仰を同じくする賀川豊彦の推薦によって昭和五年関西学院に就職した。時あたかも関西学院は大学昇格をねらって神戸原田の森から、西宮上ケ原に移転し、その準備にかかっていたから、高名な教授を渇望していた。昭和七年には大学開設の認可が下りて大学予科が開設され、九年には念願の「法文学部」と「商経学部」が発足した。中島は法文学部の法学関係の設計責任者であった。

中島は日本憲法論、法理学などの講義を担当したがこのような講義とは別に「宗教運動」を開始した。昭和六年に「社会的基督教徒聯盟」を結成し昭和七年五月には機関誌「社会的基督教」（月刊）を発行した。中島はその運動の先頭に立った。

以下次の課題を検討していきたい。

一　社会的基督教徒聯盟の結成と発展
二　中島重の理論の基本構造
三　社会問題の救済のための実践活動
四　マルクス主義との対決
五　バルト神学との論争
六　東亜協同体の論調
七　中島重の日本的基督教
八　特高警察の弾圧と「社会的基督教」の終焉
むすび

一　社会的基督教徒聯盟の結成と発展

（一）日本労働者ミッションの結成

中島は大正末年頃から、自らのキリスト教は今日の深刻な社会問題といかに取り組むべきかについて真剣に思索しているうちに超え難い厚い壁に突き当たって苦悩していた。そんな時、大正十四年、賀川豊彦は同志社に招かれて基督教と社会思想について講演をしたが、中島重は賀川豊彦の熱のこもった主張に深く共鳴してすぐ「雲の柱会」を結成し研究会を開いた。[2] これは中島の回心といえるものであった。中島はここで理性的自由主義的キリスト者から福音的社会実践者へと回心した。そのあと昭和二年にはハワイで布教活動していた堀貞一牧師が同志社で大伝道を催し霊的な働をしたところ同志社などでリバイバルが突発した。これに励まされて「雲の柱会」は静かな学習会から脱皮して「同志社労働者ミッション」という実践的な団体に成長した。昭和四年になるとさらに同志社の枠を越えて「日本労働者ミッション」へと発展し賀川豊彦、杉山元治郎などと提携し、全国各地の都市・農村・水上の労働者にイエスの福音を宣伝することを目的にかかげて活動を開始した。

しかし丁度その時中島は尊敬おくあたわざる海老名総長に対する同志社理事会の不当とも思える処置に抗議した運動に関与したところ、これが不幸な騒動に発展し、解雇処分を受けた。昭和四年の五月のことであった。中島が同志社を去ることとなったので中島重を中心とする「日本労働者ミッション」も自然に解消した。

希望の絶頂から暗く深い谷底に陥落した中島は信仰の盟友である賀川豊彦の推薦で昭和五年四月には関西学院に活動拠点を得て、法理学、憲法などの講義のほか大学昇格のための準備作業にも当たって多忙であった。[3]

（二）社会的基督教徒関西聯盟の結成

そんな時、昭和六年七月二十七日、御殿場の東山荘で基督教学生青年会同盟主催の夏期学校が開かれ参加者を奮起させた。そしてそこに出席していた学生ではない関西在住のキリスト教徒達は神戸雲内教会に集まり独自の活動をすることを申し合わせた。彼らはその熱い思いを「日本労働者ミッション」の幹事長であった中島を訪ね再起を申し入れた。中島は時が満ちたことを感じ取り、運動再開を決断した。

先の神戸雲内教会での会合が創立準備会となり、九月二十四日京都基督教青年会館に五十名の同志を集め「社会的基督教徒関西聯盟」を発足させた。

聯盟は活発な活動を展開するため機関誌「社会的基督教」（月刊）を発行することを企画し、昭和七年五月に創刊号を発行した。[4]

（三）社会的基督教徒関西聯盟綱領

一、我等はイエスに従ひて神を人類共同の父と信じ「神の国」の実現を以て基督教徒の根本使命なりと信ず

一、我等は「神の国」の実現はイエスの十字架に顕はれたる贖罪愛の実践に依りてのみ可能なりと信じ自ら贖罪愛の生活者たらんことを期す

一、我等はイエスの福音に依り「神の国」に適はしき人格を造り且神の国の理想に背反する一切の社会組織及制度の根本的改革を図り以て新しき共同社会の建設を期す

（四）各種の具体的実践

一、伝道活動、教育活動、啓蒙運動
一、共同社会建設のための組合運動、政治運動
一、ソーシャルセンターを設けて福音学校、労働学校、農民学校、協同組合学校の開催
一、個別的実践としては農村伝道・水上隣保館における児童の救援、都市下層労働者への伝道

（五）機関誌「社会的基督教」の編集項目

1　昭和七年五月から十七年一月まで月一回発行
2　特集号は「贖罪愛の研究」の外三十四回発行
3　編集項目
前半（一巻一号から五巻八号まで）
▽巻頭言、説教、論説
▽聖書講義、社基の先駆者、ブックレビュー、社基伝道日誌、随想、海外ニュース、社基戦線、教界展望
▽社基大会記事、社基の実践、座談会、社会的基督教参考書、特別記事その他
後半（五巻九号から九巻八号まで）
▽巻頭言、説教、論説、研究論文

▽ブックレビュー、紀行文、随想短文、文芸、懇談会
▽社基大会記、社基の実践、社基戦線、通信、特別記事その他
（注、社基とは社会的基督教の略）

二　中島重の理論の基本構造

次に中島重の理論の基本構造の概略を示してみよう。

（一）社会本質論

中島重は法理学者であったが本人がしばしば述べているようにすぐれた社会学者であり社会学的概念を理論体系の最も重要なところで駆使している。

まずスペンサーを深く研究し著書も出版している。スペンサーからは機能理論と社会（文化）変動論を学んだ。次にテンニエースの集団論（ゲマインシャフトとゲゼルシャフト）、さらにマッキーバーの集団論（コミュニティとアソシエーション）を利用して『多元的国家論』のキー・コンセプトとして用いている。

その中で最も重要なものは社会の本質を個人の結合にありと述べていることにある。この結合上位説は大正から昭和三〇年ころまでの日本の理論社会学界をリードした高田保馬の説いた理論でもある。中島重もこの結合上位説をとって出発点としている。(5)

二人は結合なくして社会なしと考えたから、反対の分離・闘争をもって社会変化の原動力とするマルクス主義と鋭く対立した。二人は一貫してマルクス主義に反対した。

高田、中島の二人は同じく「多元的国家論」の主張者であることも奇縁であるといえよう。一章で示したように高田保馬は昭和二十一年六月二十七日「関西学院新聞」二百四号に、中島重の追悼文を寄せているが、その中で中島を数少ない学問上の同志と呼んでいる。いずれにしても中島は結合上位説を社会的基督教の礎石としている。

（二）機能主義――全体（目的）と部分（機能）

中島はスペンサーの研究から機能主義の理論を習得し、これを社会の分析に縦横に駆使している。機能主義は複数の部分が結合して社会システムを構成すると考える。社会システムの特性は構成単位の単純な合計からは得ることが出来ない、それ以上の特性を生み出すと考える。（特性の出現）

次に部分と全体の働についてみると、全体は目的を備え、部分はその目的を達成するための機能を果すものと考える。

中島は「多元的国家論」を展開するに当って、まず社会を全体社会（コミュニティ）と部分社会（アソシエーション）に区別し、国家は部分社会の団体であり、全体社会の機能を果す団体であると主張した。このような機能論的説明は当時支配的であったヘーゲル一派の「国家全体社会説」と異なり、全く斬新なものであったから、中島の『多元的国家論』は注目された。そこで学界に強いインパクトを与えたのである。(6)

(三) 社会(文化)変動論

前項(二)で述べたように複数の個人の結合によって構成された社会関係は構造をなしているが、その構造(容器)は文化項目という内容によって充たされている。すなわち普通、社会とは個人の結びついた人間関係によって織りなされる容器とその中を埋める文化項目を統合して社会と見なしているのである。

中島はスペンサーをはじめ多くの文化人類学者から学び自分の理論体系に吸収している。それは社会変動論であり文化変動論である。

まず文化項目については中島は、㈠技術、㈡経済、㈢法律、㈣道徳、㈤宗教、㈥学問、㈦芸術等をあげている。次に社会の発達段階を㈠原始時代、㈡武断的権威主義時代、㈢国民的自由主義時代、㈣社会主義時代を想定している。

こうして個人の結合によって形成された社会構造は七つの文化項目を内に含みながら時間とともに社会変動を遂げていくのである。さらにここでつけ加えねばならぬことは社会の進展の段階に応じて文化項目も次第に変化していくことである。例えば原始時代には宗教は文化のすべてであったが、社会の進展とともに技術、学問、芸術などに分化して来た。また宗教自体も社会の発展にともなって変化していく。中世ヨーロッパではローマン・カトリックが支配していたが、近代に入ると自由主義と資本主義が結びついたが、同時に宗教改革が進行してプロテスタンティズムが次第に普及したのである。

中島は更に技術ことに通信手段が発展したことにより第二の宗教改革がなされることが必然の成り行きであると主張する。そこで国際社会と社会主義社会が成立すると確信している。(7)

三　社会問題の救済のための実践活動

大正末期から昭和初年の金融恐慌の時代を経て七年満州国が成立したが、そこから昭和十二年には中国大陸において日中戦争が勃発して次第に戦域は拡大し、十六年十二月には遂に太平洋戦争に突入したあと、三年余にして悲惨な敗戦を迎えた。

この時期は暗い谷間の時代であり未曾有の苦難の時代であった。そんな苦難の時代にひるむことなく「社会的基督教」という輝ける幟を掲げて中島は深刻化した社会問題に苦しむ人々の救済に取組み、また階級闘争によって理想の共産社会を創るというマルクス主義と戦い、さらに神と人間を完璧に隔絶し人間のいかなる働きも無力であると説くバルト神学へも反論し続けた。次にこの問題を追ってみよう。

（一）社会問題の生み出す害悪に目覚め救済の実践活動へ

先に述べたように中島重は大正末期頃から自らのキリスト教は深刻化した社会問題にどのように対処すべきかを真剣に模索したが強固な壁につき当り行き悩んでいた。そんな時、同志社に伝道に来た賀川豊彦にキリスト者も勇気を持って社会問題の解決に取り組むべしと啓発され、昭和二年頃、「雲の柱会」を結成しそれが「同志社労働者ミッション」、「日本労働者ミッション」へと進展した。その後中島は騒動に巻き込まれたため同志社を去り、関西学院へ移った。

関西学院へ移った翌年（六年）、「社会的基督教徒聯盟」を結成し宗教運動を開始したが、この人達のキリスト教は単に個人の救いにとどまらず、資本主義による産業社会が生み出す社会問題に苦しむ人々の救済に取組むキリスト教であり、これを「社会的基督教」と名付けた。さて中島によると資本主義なるものはもともと個々人の自由競争を原則にして出発したが、これは一種の闘争関係であり、これが権力関係を作りあげるのである。これは機械工業の発達以降、さらに著しくなりこの傾向が急速に進行した。今日資本家は権力者であり、労働者は奴隷の状態に置かれている。言わば今日の産業社会には資本家という殿様がいてその下に澤山のサラリーマン労働者という奴隷のような人達がいるわけである。そこで今日の社会問題というのは単に貧富の問題ではなく、根本は権力の問題があり奴隷状態の人がいるという問題であり、人間性の問題にかかわるものである。資本家と資本家の間には闘争関係が展開されているが、近来はさらに独占化が進み、トラスト、カルテルのようなものになっている。今日は最早や工業資本主義の時代ではなくて金融資本主義の時代となり、金融資本家が少数で社会を支配している。そしてそこから圧倒的な数の貧困者の苦難に満ちた生活が生み出されている。

この憂うべき現実に対して「社会的基督教」は深く関心を寄せ救済に乗り出している。このように社会的基督教徒は個人の救済にとどまらず、社会の同胞が等しく救済され、安定した生活を保証されなければならないと考えている。このことが、この集団が「社会」を名乗る第一のねらいであり願望であると中島は説いている。(8)

このような考えを実践する原動力は社会化愛、贖罪愛である。そこで信徒は貧しき人々に対して深く愛の手を差しのべていく、次にその実践活動について述べてみよう。

(A)　具体的実践活動（規約・場所・目的・学校）

①会員の実践規約（昭和十年五月六日）

1　会員は伝道、教育、宣伝、啓蒙運動を実践する

2　共同社会建設のため組合運動、政治運動を実践する
3　会費納入の外、右の運動に寄付すること

②団体的実践

1　実践の場として「ソーシャル・センター」を設けた
2　無産労働者、無産農民に伝道し、その人格を育成する
3　福音学校、労働学校、農民学校、協同組合学校を開く(9)

（B）　個別的実践例

①農村伝道　――播州の曽根教会（石田英雄）

石田英雄は鳥取高等農業学校を卒業したあと志を立て同志社神学科に学び牧師となった。その頃（昭和元年）中島は一方においてマルクス主義の跳梁に対決するとともに、他方、賀川豊彦の贖罪愛の伝道の熱意に触発され、深刻になった社会問題の解決に取組む為に小さな「雲の柱会」を作って研究を始めた。石田はその時のメンバーでありリーダーであった。同志社を卒業すると昭和二年賀川豊彦の援助と杉山元治郎の紹介によって播州高砂で農村伝道を始め間もなく曽根に伝道所を開設した。それは曽根教会に発展し今に至っている。

また石田英雄は機関誌「社会的基督教」への投稿も活発であり、投稿件数は何時も上位の四位か五位であり、活発に論議を展開した。昭和八年に曽根伝道所を訪ねた岩間松太郎牧師によると、一階は食堂・集会所・託児所で階上は家族の住居になっていた。

託児所、日曜学校、大人の集会も順調に運営されているが、田舎のこと故仕事は仲々困難であるとのことである。ここ播州曽根における石田英雄の農村伝道は「神と隣人と土への熱愛」を根幹とした社会的基督教信仰と科学的農業方法及び徹底的自給主義を標榜した独自の農村伝道方策を実現するために異常な努力が払われていた。

そして十三年間の労苦は漸く酬いられ曽根における農村伝道の礎が据えられ、これからという時に無念なことに石田英雄牧師が昭和十六年十月三十日天に召された。幸い未亡人石田園江女史が二人の遺児を抱きながら、曽根に踏み止まり事業を続けることとなった。

友人達の追悼文を見ても石田牧師が実に素晴らしい「社会的基督教」の実践家であったことが知られる。(10)

追記

平成二十六年末、筆者のゼミの卒業生で高砂市曽根に住んでいる本田加代子さんに助けてもらって「曽根教会」の現状を調べてもらった。石田英雄牧師によって始まった曽根教会は現在、九人目の間下牧師によって守られている。町の高台にある石田英雄牧師の墓には今でも時折参る人があり、花がたむけられているという（参考：竹中正夫『土に祈る』一九八五、教文館）。

②農村伝道（二）――京都府綴喜郡草内村（岩井文夫）

岩井文夫の故郷は上州富岡の南約一里ばかりの高瀬村である。海老名牧師が上州安中教会の牧師であった頃、文夫君の父親が海老名牧師の伝道によって信者となった人であったから、小学生の頃から上州甘楽教会の日曜学校に通った。大正十年父の勧めで同志社予科に入学し、大学は法学部政治学科に進み、ここで今中次磨、中島重の教えを受けた。この頃、同志社教会によって学内に「大賀川伝道」が開催されたが、この運動は法学部の学生たちに強い影響を与えたが、ことに中島はこの伝道に非常な熱意を示して賀川氏に共鳴し、自らの信仰に新しい境地を開かんと熱心に思索した。そこで中島を中心に「雲の柱会」を組織し研究を始めたが、やがてそれは「同志社労働者ミッション」となり石田英雄の農村への伝道、金田弘義の都市スラムへの伝道が実現した。

岩井は昭和三年に卒業し、まず経済的自立を目指して三井銀行名古屋支店に勤めたが、農村伝道への思い忘れ難く遂に銀行を辞して京都に帰り、「日本労働者ミッション」派遣員として京都府下綴喜郡草内村において農村伝道を開始した。

この間に中島が岩井文夫に送った手紙八通が残されているが、それによると岩井文夫を農村伝道に送りだすため中島がいかに熱意をもって勧めたかがよくわかる文章である。

岩井は草内村に一軒の家を借り、すぐ日曜学校を開き伝道に着手した。その当時の理想はどうかして農民組合員の中にキリスト教信仰を植え付けてやりたいという事であった。しかし当時農民組合のヘゲモニーを握っていたのはマルキスト達であったから、これらの人々に悔改めを説くことは至難の業であった。

ところがここに思いがけない悲劇が突発した。同志社に大騒動が勃発し海老名総長に殉じて中島が辞職したのである。

或る日突然中島が岩井の家を訪ねて来て、君散歩しようと中島が先に立って木津川の提を上ったり下ったり歩きまわったあげく、ポツリと岩井に向かって「今日僕はバッサリやられたんだ。さすがに気分は良くないね」とつぶやいたという。誰にも打明けられない憤懣を愛弟子の岩井君のところにそっともらしに来たのであろう。

岩井は伝道の経済的支柱を失い遂にここを引上げざるを得なくなった。こんなわけで岩井のミッションとしての活動は半年ほどの短いものであったが、その精神と実践は生涯立派に持続した。

そのあと岩井は東京の義父の工場で働いたが昭和七年には賀川豊彦の農村伝道に岐阜県加茂野で働き、九年に同志社の神学科に入学し、十五年には霊南坂教会にて按手礼をうけ永福町教会の牧師となる。

昭和二十七年五十才で同志社大学の宗教部主事となり、三十二年五五才の時同志社神学部教授となる。三十六年教授を辞し、上州安中の新島学園の中・高校長となった。最後は新島学園の短期大学初代学長をつとめている。このように同志社関係の様々な役職を勤めたが､彼の本領は農村伝道であったと言われている。結局､岩井はその生涯を「日本労働者ミッション」の精神を貫き通したのである。また、中島の「社会的基督教」との関係も生涯続いた。

そして戦後昭和二十五年の竹内愛二による「社会基督教」の復刊にも参加した。

③大阪水上隣保館――中村遙牧師

中村遙牧師は同志社騒動のただ中、昭和五年に卒業し、堺組合教会の牧師となったが、昭和六年社会的基督教徒関西聯盟の発足時には大阪地区の一員として参加活動している。昭和六年頃思い切って港の艀の子供達四人の為に港区天保町二十八番地にまず「水上子供の家」を作り、昭和八年には「大阪水上隣保館」を建設した。

昭和八年頃の水上隣保館は三階建の大きな家で三十一名の水上生活者の子弟と専任職員六名とで三十七名の共同生活であるが四月の新学期からは更に十名の子供が増えるので希望にあふれていた。

当時必要なのはお産の介助のサービスであったが、女子職員が産婆のサービスを始めた。また児童のトラホームの治療のため女医さんが出張サービスを始めたのでとても助かっている。

そこで当時、㈠水上労働者の子弟の託児事業、㈡眼科治療、㈢出張産婆、㈣職業紹介所のサービスを実施している。またそのほかには、夏は船頭さんの仕事がなくて困るので授産部では船頭に仕事をさせるために割安で釣り船を出し大公望を乗せて喜ばれている。

社会教育部は時に活動写真や講演会を開いているが、これに二､三百人集まっている。

宗教上の集いとして土曜学校と土曜集会がもたれている。「土曜学校」の方は午後六時半から館の子供を主とし、付近の子供も参加する。在籍者は百、三四十名いるが、出席者は八十名ぐらいである。「土曜集会」の方は大人の集会で子供の会の後七時半から開かれている。宗教教育を目的としており、十五、六名が集まり、四、五人の受洗希望者もいるという。

この施設は次次と興味深いアイデアを出して、それを見事に実現している誠に驚くべき実践力である。

このユニークな水上隣保館は戦争中に米軍の爆撃によって焼失したが、中村さんの恐るべき執念と実行力によって大阪府島本町山崎に移転して拡大し福祉総合施設に発展しているが、陸に揚がった今日もなお水上隣保館の名を残している。(11)

追記

筆者は平成二十六年十二月、大阪府島本町山崎に「水上隣保館」を訪ねたが、そこには児童養護施設の他七つの施設を含む八つの巨大な「総合福祉施設」となっており、中村遥牧師の精神が光り輝いていた。

④都市下層労働者への伝道——金田弘義牧師

金田弘義は中島が幹事長を務める「日本労働者ミッション」に参加していた。昭和六年に「社会的基督教徒連盟関西支部」が発足した際には大阪支部の委員に選ばれている。

昭和三年の夏季大学で河上丈太郎氏の話を聞いて都市労働者への伝道が重要である事を知り、四年四月京都西九条にセッツルメントを始めたが一カ月後に同志社騒動がおこり、中島重が辞職したので、この事業も行き詰った。

そこで都市労働者になろうとも考えたが年を取りすぎていると思い直し、大阪港の四貫島セッツルメントや猪飼野に行き「社会問題研究の会」を造ったりした。

金田牧師が最初に手掛けた教会は汎愛教会であった。この教会は賀川豊彦が始めたものであったが、引き受けた時には三、四人集まるだけの微々たるものであったが、一年足らずの内に基礎が出来上がった。又自宅でやっていた七人の研究会のメンバーと協同組合を実践しようと聖愛教団をも作った。しかし賀川は「教会で食っていこうとするのは間違っているぞ」と諭されたので、確かにその通りだと思うようになったという。

金田牧師によると「都市伝道は生計は別に建てた上で、何人かの同志と共に運営しなければならない」と考えている。そこで雑誌の編集も喜んで引き受ける事にしているという。また大毎慈善団の嘱託も引き受けて活動しており、さらに杉山元治郎の農民福音学校の主事も務め、河内農民福音学校の講師も務めている。

以上さまざまな経験を経た結論として、金田牧師は「労働者伝道に成功するにはキリスト教徒が教会を作って指導者になるという仕方では充分でないと思う、古いやり方かも知れないが、使命を持つ人がその街に住んでいる労働者の指導者たちと親しく交わる機会を作り、そこの子供たちに接触して働き掛けるのが効果がある」[12]と、感じたと述べている。様々の経験をした人にして言える貴重なアドバイスである。

〔追想〕金田弘義は最初から賀川豊彦の指導を受けていたが、後には社会福祉法人イエス団の第三代（昭和五一年から五三年まで）の理事長を務めている。

以上これらの例はいずれも「同志社ミッション」時代の同志たちである。同志社騒動で一旦消滅したが昭和六年に「社会的基督教」として復活した実践活動である。

四　マルクス主義との対決

大正末年から昭和二十年ごろまでは殊にマルクス主義が猛威を振るった時期である。中島は「社会的基督教」に拠って宗教運動を展開したが、まずなされたのはマルクス主義者の攻撃に対する反撃であった。実際昭和六年のＳＣＭ運動はマルクス主義者の攻撃によって学生キリスト教徒の組織が分解してしまった実例である。そしてそれが「社会的基督教徒聯盟」の結成のきっかけとなっている。

（一）マルキシズムとの三つの相違点

従って当時のマルキシズムに対して積極的に対決することが生き残る為の条件ですらあった。中島は「社会的基督教」第二巻七号に「吾人の主張のマルキシズムと異なる三要点」という論文を書いているので、これを基に中島の反マルクス主義論について検討してみよう。中島の考えとマルキシズムの相違は三点に絞られる。まず第一は唯物論を取らない。第二は階級闘争主義を取らぬこと、第三に独裁主義をとらぬことである。そこでこの三点について見てみよう。

第一に、中島は唯物論を退けて生命実在論をとっている。生命は不可思議な結合をなし連帯関係をなしている。そこでは部分が全体に抱擁せられ、統一に進み、さらにその全体が一層高次の全体に進むことが進化発展の道程に見られる法則である。しかしマルキシズムの唯物弁証法のように、矛盾対立を原動力として、正、反、合の単純化された三段階の発展をすることが唯一の真理とみなすことは出来ないと中島は主張している（論文7頁）。

第二に、歴史の発展過程において権力関係が現れることを認め、階級が存在することを認めるが、同時に集団間には横の闘争の関係もあり、集団間の利用関係も存在する。そうした中でその根本にあるのは結合関係であり、これが深まることによって社会は発展する。結合と連帯が発展することによって権力は機能化し、被抑圧者は解放せられ、闘争関係は奉仕関係になり利用関係は相互奉仕関係にすすむ。そこで解放運動も贖罪愛による社会主義運動の形をとる（論文8頁）。

第三に独裁主義は自由を滅却し人格活動と文化創造の行為を圧殺する。我々は来るべき社会は下部より積み上げ、自由を前提とし、自治的に出来たものを望み、自由主義的社会主義の側に立つ。我々は政治行動よりも組合運動を重視する。組合は来るべき社会の基礎をなす。国家も国際関係も今後は一種の組合となるべきである。また資本主義時代に容認された利欲心、競争心、権力欲のごときも罪悪として否定し、新しい社会に適合した人格を獲得すべきである（論文8頁）。以上がマルキシズム批判の三点である。

（二）宗教の立場

次に中島は昭和五年に『マルキシズムに対する宗教の立場』という著書を出版しているが、これは学習会のテキストとなっていたという。ここでこの書を用いて中島の見解を見てみよう。

中島によると「マルキシズムが宗教を否定するのに二段の否定をしている。その第一段は弁証法的唯物論による宗教そのものの否定であり、第二段は唯物史観を基礎としての社会理論による既成宗教の否定」[13]である。

①唯物論と宗教

次に中島は弁証法的唯物論による第一段の否定は宗教にとって問題ではないという。なぜなら物質から生命や意識、目的や理想を説明することは全く不可能だからである。

唯物論をもって宗教を否定しうると思うのは大いなる間違いである。この否定では宗教はびくともしない。宗教が存在するのは社会生活において一定の役割があるから存在しているのであって、その役割がなくならない限り存在し続けるものである。

道徳、芸術、学問などの価値がある限り、宗教も又存在する。すなわちここでもその説明は中島流の機能主義的見解である。このように宗教が信じる「神」の実在性を科学や哲学では否定する権能や資格を持っていないと中島は主張する。

結局「人間の社会に価値と不価値との対立がある限り、人生に苦悩と涙とのある限り、人間が「神」自らの完全さに到達せざる限り宗教は存続する」[14]という。

要するに中島は一片の唯物論を持って宗教をなくする事が出来ると思うのは、宗教の人心に根ざすことの深さを知らないからだという。

②「第二の宗教改革」の達成をのぞむ

次に第二段の否定、即ち唯物史観に基づく社会理論よりする批判については慎重にこたえねばならない、それは「第二の宗教改革」によって応える外ないと中島は結論している。

さて資本主義ははじめ自由競争を原則としたが生産は次第に組織的、集団的となり、資本の所有は権力化し、独占的となり、資本家は権力的支配階級となっている。他方、プロレタリア階級は資本主義と帝国主義の横暴と戦いながら希望を捨てることなく、独自の共同社会を建設したいと願っている。

それは民族国家と資本主義の時代の幕を閉じて新しい進化の段階として社会主義の時代が幕を開こうとしていると中島は考えている。そこでは法も道徳も宗教も新しい時代に相応しい物に改まるべきである。これが中島の考える「第二の宗教改革」を望む理由である。

この様に中島は「社会的基督教」は資本主義が生み出す社会問題の解決に挑戦するだけにとどまらず、「第二の宗教改革」によって資本主義を社会主義に転換しようと願望している。誠に徹底した主張であった。

五　バルト神学との論争

（一）中島重のバルト神学の評価

「社会的基督教」はマルキシズムの運動と厳しく対決したが、もう一つバルト神学とも活発に論争し、対決した。当時日本のキリスト教会には危機神学としてのバルト神学が強い影響を与えていただけでなく、バルト神学は「社会的基督教」の社会本位主義とは対極にたっていたからである。そこでバルトの名をあげた論文も十篇ほど掲載されているだけでなく、六巻九号には特集号として「社会的基督教に対してバルト神学は何を寄与したか」を刊行している。

中島は四巻九号に「自由基督教とバルト神学と社会的基督教」と題する論稿を寄せている。

しかし中島は自分は神学者ではないと謙遜している為か、バルト神学について組織的な論及はしていない。[15] ただ（バルト）神学は「その信仰の大体の輪郭からいえば、自由基督教以前のファンダメンタルズとあい隔たること遠からざるものであって、格別なにも新しいものではないと思われる」[16]と評し、「ただ自由基督教の虚を衝くものあるは、否定面の高調だと思う」[17]と述べている。しかしその否定は「その肯定生活が『神の国』の建設行動となるような否定でなくてはならぬのである」[18]と批判している。

要するに中島はバルト神学を原理主義に近い神学で、何も新しいものでは無いと見ている。

ここで想起されるのは中島の弟子で中島をいたく尊敬する嶋田啓一郎は「中島先生の神学は人本主義にとどまり、又終末論を欠いている」[19]と厳しく批判している点である。

しかしこの批判は嶋田が弁証法神学によって社会的基督教を批判したものであるから、至極当然であるが、中島はキリスト教の神学は時代に応じて変化すべきと考え、弁証法神学を否定しているから、これによって打撃を受けたわけではない。

(二) 大下角一のバルト批判

大下角一は六巻九号のバルト特集に「バルト神学は我々に何を教えるか」という論稿を寄せている。それによるとバルト神学は自由神学が極度の個人主義と主観主義に陥り、信仰の無力を感じるようになり、礼拝も自己陶酔的なものとなったため、こうした主観的な人本的信仰の無力さを憂い、その反動として起こったのがバルト主義であるという。

危機神学の特徴はまず反主観主義にたち、信仰の客観性をもとめる。次に第二点は聖書主義である。神はキリストの十字架を通じ己を啓示したのでこの歴史的事実が信仰の基礎である。信仰は自己否定しキリストを信ずることにある。

バルト神学のこの様な「客観的」、「服従的」、「神中心」の信仰は社会的基督教に於いても全く正しいものとして守られている。

ところがバルト神学の弱点は「現実の生活からかけ離れ消極的な信仰になりがち」なところにある。ことに「神の国」の建設があきらかでない。

神の国の実現はバルト神学が言うように神の力によるものであるが、一度救われたものは、神の国の実現の為、即ち愛を基とする共同社会を建設することは当然なことだと大下は主張している。

バルト神学が主張するように、神の経験は啓示を離れてはありえないが、その啓示が主イエス・キリストのみにあるとは大下は考えない。人間の歴史・社会の過程のなかに於いても神の経験は可能であると考える。

社会的基督教は啓示においてのみ神の体験はあると考えるが、その神の啓示は人類の歴史及び社会過程においても与えられると信じている。

それによって始めて神の国の思想が歴史及び社会過程を基とするものとなるのである。[20] これがバルト神学に対する大下の考えである。

(二) 佐藤健男牧師のバルト神学批判

佐藤牧師も六巻九号のバルト特集号に「バルト神学に何を期待するか」と題する論稿を寄せている。佐藤牧師によると、社会的基督教は人本主義で、バルト神学は神中心主義と言われているが、そうではない。人間社会の腐敗を「自己」の問題として、この滅ぶべき世界に悔い改めの果を結ばむと生みの苦しみをなすのが人間中心だといえるのであろうか。逆にバルトが社会の腐敗に絶望し、自分たちには、どうすることも出来ないと悲鳴をあげるのが神中心であると言えるのか。これが佐藤牧師の批判的問いかけである。

　また自然の中に神の啓示を見ることが果たしてバルトの考えるように間違いであろうかと設問した佐藤牧師は神によって造られた万有の本性が悪であろうはずはないのであると答えている。さらに人間の良心、人間の理性の価値を信ぜざるを得ないと佐藤牧師は言う。

　こうして佐藤牧師によると、バルト神学は罪に悩む当事者としての人間のみを見て、赦されたる人間として「生ける神の宮」、「神の器」として神に摂取された人間を見るに十分でない立場でありこれに満足出来ないという。[21]

　以上、三名の方の意見を聞いたが、表現は少しづつ違っていても、これらはほとんど同じ事を述べている。それは二つに集約することが出来る。

　一つはキリスト教の本質は、バルト神学のように個人の内的な救済にとどまるものでは無く、キリストは苦難に囚われた大衆を救うという社会本位の活動をしたのであるから、今我々は現代の苦難である社会問題の解決に努力すべきである。

　もう一つはバルト神学では神の国の到来は神だけの独自の意思によるもので人間の意思と関わりがないというだけであるが、一度救われた者は神の国の実現の為、愛による共同社会を建設するのが努めであると考えて努力するのが社会的基督教のありかたである。

　ここで取り上げた人達が言うようにバルト神学は第一次世界大戦後に一定の役割を果たしたが、今日、バルト神学に対する評価はすでに適切なところまで冷めているのではないか。

六　東亜共同体の論調

昭和十二年七月七日には不幸にして日中戦争が勃発したが、そのころから日本の知識階級や理想主義者の間には「東亜共同体論」「大東亜共栄圏論」が提唱されるようになってきた。これに順応したのか「社会的基督教」においても昭和十三年（七巻十二号）において「東亜共同体と社会的基督教」という特集号を刊行した。主筆の中島重は「東亜共同体の理想を掲げて全世界のキリスト教徒に訴える」と題する雄渾の論文を発表した。この資料を使って中島重の東亜共同体論を考察してみよう。

①日中戦争を歴史的に見る

中島が日中戦争をどうとらえたかについてみてみると「この度の日中戦争は東洋の悲劇であり、吾人キリスト教徒のこの上なく遺憾とするところである。然れどもその因りてきたるところは遠くかつ深い。日中戦争は東洋の歴史から理解せられねばならぬ」[22]という。そこで東亜の歴史を訪ねると「東亜はヨーロッパに比すべきひとつの世界を形成しており、その中心は中国」[23]であった。ところで日本は東方の島国であった為政治的には独立していたが、文化は中国文化圏に属し中国を中心とする東亜世界の一部であったと考えている。

②東亜共同体の理想

昭和七年に満州国の建設に続いて十二年に日中戦争が勃発して以降、各界から東亜共同体の理念が提唱されている。ところで中島によると「共同体」とは東亜の諸民族が相提携協力して一つの共同社会をつくることを目標とするところの共同的連携の事である。さらに建設に対して日本の意図は「漢民族の民族国家としての要求を十分に同情しこれを援助しながら、今一層高次の理想たる『東亜共同体』を実現して世界社会実現の一階悌たらしめ、世界平和実現への一段階たらしめんとするにある」[24]と解説している。

すなわち中島は東亜共同体とは「世界社会」形成の為の一階梯と見なしている。

③世界社会と世界平和をどう実現するか――まず極地的共同体から世界社会へ

交通通信手段の発展により世界社会の実現は必至であるが、それには権力の分立が統一され、一つの「世界的強制社会化意力」が確立しなければ不可能だと言う。強制社会化意力は離反するものを引きつけ強制的に結合させる力であるが、これが必要になる[25]。

ところがその確立は一足飛びに世界的になされるものではなく、世界の各地に於いて、まず極地的にまずなされ、後に世界的に構成されると中島は説くのである。ヨーロッパは東ヨーロッパと西ヨーロッパが一つになり、南北アメリカはアメリカ合衆国を中心に、東亜では日本を中心に「東亜共同体」が出来るならば、世界社会の実現への道程として極めて自然であり、当然であると考えている[26]。

しかし「東亜共同体」は日本を中心にという考えは、ここでは当然のように考えられているが、かつて孫文が説いた「大アジア主義」では中国と日本は平等なパートナーと考えられており、日本人のなかでも、松井石根、大川周明、頭山満も同様であったから、これらと比較すると、中島重の考え方は自己中心的であるといえよう。

④強制社会化意力と宗教

「強制社会化意力と宗教は人類の社会を社会化する二大要因である。征服的武力は社会の中心的権力となり離れんとするものを結合させる作用を付加すると権力は社会化して機能的なものとなり強制社会化の作用をする共同意志力となる。他方宗教は常に人身を内部から社会化して社会の融合進展を促進する。今日に於いては権力と宗教は分化し権力は権威を主張せず機能化し、社会の結合と国家の組織の維持に当り、宗教は自律的なものとして各人の内心の信仰により各人の心を社会奉仕に向け人格の社会化の働きをしている。これにより、今世紀か来世紀に世界社会が実現することがあるかもしれない」[27]と期待を寄せている。

⑤世界的強制社会化意力の確立

しかしその際、世界社会は中心となる武力的強制力がなくては実現しない。そこで世界的強制社会化意力の確立が必要であることをわきまえて、同時に宗教によって人心を精神的に社会化し世界社会を実現しなければならない。そこでキリスト教は成立する世界的権力を「神の聖旨に協うて行使せるるところの機能的・奉仕的なるものとならしめるのみならず、人類すべてが神の子にして、神において連帯せられる同胞であり、神の家族であると言う精神を徹底せしめ、人類の社会を神の国に近づける努力をする」ことが、キリスト教の任務である[28]。

⑥アジアは一つ

中島はさらに「アジアは一つにならねばならぬ。一つとなることは歴史的必然の運命であり、神の御心であると信ずる。我等は日本人は如何なることがあっても中国を把えて離さぬであろう。例え中国が如何に我らを憎み嫌って離れ去ろうとしても離さないであろう。それは日本の為にではなく小東亜の共同体の為である。世界的実現への一階梯たらしめんが為である」[29]とする。神の御心を確信して、アジアの一体化を促進しているのである。

⑦共同体の推進とキリスト教

最後に中島は「勿論吾人はキリスト教なくしてはこのことの完全ならざるを知るものであって、キリスト教の伝道は一層の喫事なるを痛感するものであるが、今後の伝道は東洋人としての政治的・文化的アスピレーションの立場にたっての伝道である事が要請せられるのである」(30)とのべ、この事の成就の為にキリスト教の伝道を強調している。

⑧世界一体化のための生みの苦しみ

さらに中島は八巻六号（昭和十四年）に於いて「共同体の理想と社会的基督教」と題して重要な見解を述べている。即ち東亜共同体の理想は国際的地域主義の現れであって世界共同体への実現への一段階として考えるべきだと前回と同じ意見を述べている。

次に中島は昭和十四年の段階で第二次世界大戦は不可避でいまやいつ始まるか時間の問題だという。しかしここで大事なことはなぜ二十世紀に入って僅か三十年の間に二度も世界大戦が起こるのか、これを考えねばならぬという。これに対して中島は、私はそれは「世界が一体とならんとする生みの苦しみ」(31)であるとみている。即ち第二次大戦も世界が一つになる為の必然だとみているのである。

⑨公権力の役割

最後に重要な事として広域の共同体をつくる為の具体的な方法論を教えている。まず国民共同体、東亜共同体、世界的共同体を考えるとき忘れてならぬものがある。それは全体社会に於ける「公権力」の問題である。これは武力的強制力を最後の手段として社会化を強制する力であるが、東亜共同体も世界共同体もこれを前提としないでは実現不可能であることを理解すべきだと主張している。

神の摂理によって公権力が現れて共同体が造られる時にも、「公権力」を持つものはこれを奉仕的に使用して初めて共同体の理想は実現せられるというのが中島重の確信であった[32]。

要するに日本の軍国主義的戦争体制は満州および中国大陸での戦争に結着をつけることが出来ないまま、東亜共同体、大東亜共栄圏構想を提唱しながら、東南アジアに向けて進出し、遂に太平洋戦争に突入したあと大東亜会議を開催したのである。

これに対し、中島の「社会的基督教」は右の構想は、「日本」→「アジア共同体」→「世界社会」の実現という新しい聖なる「神の国」の理想の実現の過程にあると考えて、全面的に協賛し、機関誌には四十二篇関連論稿が発表されている。

それにもかかわらず、十六年十二月八日に太平洋戦争が突発すると特高警察にとって欧米生まれのキリスト教の活動は例え国策への全面協賛であっても許すことは出来なかった。直ちに弾圧することになり、「聯盟」の解放と機関誌「社会的基督教」の廃刊を命じた。

まことに大いなる悲劇であった。

ここで筆者の感想を述べてみよう。まず当時多くの知識人が四、五年も前から日米戦争に突入が必至であると考えていたとは驚く他はないが、東亜共同体についても重苦しい圧迫のもと、大部分の人はやむなく同調し適応したと推察される。そしてそれは東亜共同体に留まる事なく、世界社会の建設と世界平和に至る道程であることを自覚していること、また建設に必要な「公権力」は権力の行使でなく「奉仕」でなければならないという主張にクリスチャンの良心を見た気がした。さらに大事なことは国際的な共同体を形成する際に自己中心的なあり方を慎み、民族平等の原則を第一に守るべきことである。当時の中国およびアジアにおける日本の共同体形成のやり方は日本中心、日本優先の考え方にもとづいて遂行されていたことを深く反省しなければならない。

七　中島重の日本的基督教

（一）日本人にとっての旧約聖書

中島は西欧生まれのキリスト教をそのまま受けとるだけでなく、日本の宗教、特に大乗仏教と綜合して日本的キリスト教を創ろうとしていた。中島は日本人がキリスト教を学ぶことについて次のように書いている「日本人がキリスト教を学ぶのには、ユダヤの旧約より出発すべきではない。（中略）吾人の旧約とはなんであるか、それは仏教であり、儒教であり、神道である」[33]。

即ち日本人はイエスのキリスト教を学ぶのにユダヤ教の旧約聖書を学ぶ必要はないと述べている。これに類似する考えは内村鑑三にも見られる。内村は『代表的日本人』のなかで「私は宗教とはなにかをキリスト教の宣教師より学んだのではありませんでした。その前に日蓮、法然、蓮如、敬虔にして尊敬すべき人々が、私の先祖と私とに、宗教の神髄を教えてくれたのであります。」[34]と述べている。

中島重と内村鑑三はほとんど同じく日本には優れた宗教の伝統があり自然に日本の宗教を身に付けているから、キリスト教を習得する際にもその宗教を基盤にして習得するものだと考えているのである。

（二）日本の宗教の特質

そこで中島は主要な日本の宗教のエッセンスを示している。

1　神道

日本人にとって「神の超越性」を理解させる途は神道にある。神道の内黒住教や金光教などは一神教的になっている。平田篤胤の神道には天の御中主神という宇宙的一神を中心としており、これは超越神的である。中島によるとユダヤ教と神道とは似たところがあり、日本人はそこからキリスト教の超越性を知る道があると述べている。[35]

2　儒教

儒教の「天」という思想信仰は深く日本人の信仰に入り込み言わず語らずの内に日本人の宗教意識を開発しているといえよう。儒教の日本人に与えた訓練は社会と天地との道徳的秩序の信仰を生み出している。ユダヤ教がエホバの立法の信仰によってユダヤ人に与えたものを日本人は儒教によって与えられたと中島は考えている。[36]

3　仏教

中島によるとわけても大乗仏教は「世界に於いてキリスト教に竝びたち、少なくともキリスト教に次ぐもっとも発達せる高等なる宗教である。その大乗仏教が日本において最も発達したということは、日本人の宗教的訓練が決して幼稚でない事を示すものである」[37]と指摘している。

また「禅において実践的に高調せられた『否定道』は宗教における尊い訓練をあたうるものであり、物身論はクリストロジーや化身論に比して劣らぬ発展を遂げており、救いにおける他力・自力の論争の如きは、キリスト教神学にも見ざる程度に問題を発展させているのである。(中略)その否定道は学ぶべきものの内最大なるものの一つであり、その内在神観は学ぶべきものの内の最大なるもののうちの他の一つである」[38]

また「否定道は、この自然と自我との差別なき絶対への帰入であり、致一である。この否定道によりて、実践的には没我献身の道徳が培養せられ、一死尽忠の武士道は基礎づけられたのである」と中島は評価している。[39]

（三）より高次の宗教を求めて

それ程立派な精神的訓練を持った日本人が何故、キリスト教を学ばねばならないのかと言うと、それはイエスの十字架によって示された贖罪愛の宗教が更に高次のものであるからと言う。

そこで中島は次にイエスの神観と仏教の絶対観を比較している。

1　イエスの神観は動的、発展的、実現的である。それに対して仏教の絶対観は静的であって、没時間的であって、発展的、実現的でない(40)。

2　仏教における否定は、自然に対しても、社会に対しても、あるがままの自然や社会をそのまま絶対化して之に没我帰入する。そこには運命に対する諦観的随順はあるも、自然を克服利用して人間の運命を拓く創造的なものはない(41)。

3　時の社会的権力を絶対化して没我的に随順するも、正義と理想を揚げて社会組織を改革すると言う発展的実現的方法はほとんどない。これらは絶対観の宗教としての仏教の根本的欠陥であって東洋文明の沈滞の原因である(42)。

4　ところが欠陥ある仏教を持ちながら、自然を征服し自己の運命を拓き、社会を改革して、高度の社会状態へと進めることが出来たのは日本の民族の進取性、発展に帰される(43)。

5　日本人はキリスト教を学ぶことによって「鬼に金棒」という言葉通りさらに立派な社会を作り得るというのが中島の見方である(44)。

「日本的キリスト教」が真に力あり生命のあるものである為には特殊性に留まらず普遍妥当性を持つべきである。

目を世界に開き、新時代に処して世界を救うにたる宗教を日本人の体験によって発揚すべきだと提言している。

これまで述べてきたように中島は単なる欧米生まれのキリスト教を猿真似するクリスチャンに留まらなかった。中島はキリスト教と日本の大乗仏教を融合した新しい「日本のキリスト教」を創造しようとした稀有のキリスト教思想家であった。

八　特高警察の弾圧と「社会的基督教」の終焉

昭和十二年七月七日に日中戦争が始まったころからキリスト教に対する官憲の監視はますます厳しくなり、様々な方式で干渉してきた。遂に外国人をスパイ扱いするようになった為、十五年には関西学院の外国人教師はベーツ院長を始めほとんどの方は帰国されたのである。

神戸女学院の教授で社会的基督教の運動に終始中核になって活躍し、昭和二十五年九月には竹内愛二を助けて「社会基督教」の再刊に努力した溝口靖夫は第一巻第一号に「社会基督教運動の展開」を書いている。それによると「我が国の政治情勢は全体主義への一途を辿り遂に昭和十六年十二月八日第二次世界大戦へ突入した。かくて同志のうちには地方官憲の無理解と弾圧により鉄窓に呻吟するものさえでたのである。その際特高から聯盟の解散を示唆された。そこで最後に昭和十七年一月二十二日（木）同志は大阪市の安東長義経営の薬石図書館に集まり、社基の対策を議した。集まるもの安東、中島、金田、竹内、大下、中村、梅本、緒方及び溝口の九名であったが、四囲の事情万やむなく、この夕遂に社基聯盟の解散を決議し、機関誌も廃刊としたのである。同年三月委員長中島重氏は京都特高課に呼ばれて署名捺印させられた。」[45]と記している。

「社会的基督教」に集う同志は約十年間に渡って政府の方針や世論の動向に答えて様々な協力活動をしてきた。例えば満州や中国を旅行して体験記を書いたり、東亜共同体論に賛同したりとなかなかのサービスを提供してきたにもかかわらず太平洋戦争に突入するや否や特高警察は直ちに圧力を加えて聯盟を解散させ機関誌「社会的基督教」を発禁にして命脈を断ったのである。

官憲への抵抗もこうして終わったのである。中島の「社会的督教徒聯盟」も遂に刀折れ矢尽きたのである。

中島重は昭和十九年十一月末関西学院を退職したが宿痾の結核が悪化し床に臥すようになっていた。

二十一年に入ると同志社から大学に復帰することを要請してきたので、これを快諾した。しかし同志社の講壇に復帰する体力は残されていなかった。五月の或る日余命幾ばくもない事を自覚した中島は同志を枕辺に呼んで、さながら古武士のように

「わが屍を乗り越えて進め」と同志を鼓舞して天国へと旅立った。

至誠に生きたまことに壮烈な人生であった。

［注］

（1）『同志社百年史　通史編1』九〇六～九一〇頁。『同　通史編2』「社会的基督教」一〇六九～一〇七二頁、一〇八二～一〇九〇頁。

（2）「(三) 社会的基督教の沿革」「社会的基督教」五巻九号、一七～二七頁。溝口靖夫「社会的基督教運動の展開」「社会基督教」(一号八頁)。
（3）大石兵太郎「大学事始」『関西学院六〇年史』二六二～二六五頁。
（4）「(三) 社会的基督教の沿革」「社会的基督教」五巻九号、一七～二五頁。
（5）高田保馬『社会学原理』岩波書店、大正八年。『社会学の根本問題』関書院、昭和二十二年。『社会学概論』岩波書店、大正十一年。
（6）中島重『多元的国家論』内外出版、大正十一年。
（7）中島重『発展する全体――結合本位と機能主義』理想社、一九三九年、一八八～二〇四頁。
（8）中島重『社会的基督教概論』同志社ミッション、一九二八年、二～四頁。
（9）「(二) 社会的基督教の実践「社会的基督教」五巻九号、八～一六頁。
（10）岩間生「曽根教会訪問記」「社会的基督教」二巻六号。杉山元治郎「農村伝道と農村共同組合運動との関連について」「社会的基督教」二巻九号。同「今後の農村伝道」「社会的基督教」四巻四号。石田英雄「農村伝道一試案」「社会的基督教」七巻三号。中島重「石田君の早世を悼む」「社会的基督教」十巻十二号。
（11）高橋貞三「中村遙君の育てる大阪水上友愛教会を訪う」「社会的基督教」二巻五号。
（12）金田弘義「都市労働者伝道について」「社会的基督教」二巻九号。
（13）中島重『マルキシズムに対する宗教の立場』、新生堂、昭和五年、一四頁。
（14）同、一六頁。
（15）中島重「自由基督教とバルト神学と社会的基督教」「社会的基督教」四巻九号、五頁。
（16）同、八頁。
（17）同、八頁。
（18）同、八頁。
（19）久山康『近代日本とキリスト教　大正・昭和編』基督教学徒兄弟団、(嶋田啓一郎) 二八四～二八七頁。
（20）大下角一「バルト神学は我々に何を教ふるか」「社会的基督教」六巻九号、二～五頁。
（21）佐藤健男「バルト神学に何を期待するか」「社会的基督教」六巻九号、六～一〇頁。
（22）中島重「東亜共同体の理想を提て全世界の基督教に訴う」「社会的基督教」七巻十二号、五頁。
（23）同、五頁。

(24)同、六頁。
(25)同、七頁。
(26)同、七頁。
(27)同、八頁。
(28)同、九頁。
(29)同、九頁。
(30)同、九～一〇頁。
(31)中島重「共同体の理想と社会的基督教」「社会的基督教」八巻六号、八頁。
(32)同、九頁。
(33)中島重「日本的基督教の進むべき道」「社会的基督教」七巻一号、八～九頁。
(34)内村鑑三『代表的日本人』岩波文庫、一八一頁。
(35)中島重「日本的基督教の進むべき道」「社会的基督教」七巻一号、九頁。
(36)同、九～一〇頁。
(37)同、一〇頁。
(38)同、一一頁。
(39)同、一一頁。
(40)同、一一頁。
(41)同、一一頁。
(42)同、一一頁。
(43)同、一二頁。
(44)同、一二頁。
(45)溝口靖夫「社会基督教」第一巻第一号、八～一一頁。

七章　久山康の「ＳＣＭ」論評と竹中正夫・嶋田啓一郎・山谷省吾の「社会的基督教」批判

はじめに

昭和初期から二十年の終戦までは「暗い谷間の時代」と言われている。この暗い谷間の時代にプロテスタントの改革を叫び、資本主義による搾取が生み出す深刻な社会問題の解決と救済を目指し「社会的基督教」の旗を掲げて奮闘した集団があった。そのグループを率いて陣頭にあったのは関西学院大学法文学部の教授、中島重である。同じ頃、深刻化した社会問題に目覚め、これと真剣に取り組み、さらにコンミニストの跳梁に対決しようとする学生クリスチャンの一団があった。これはＳＣＭ（Student Christian Movement）と呼ばれたが、中島重はその集団の講師でもあり、強い影響を与えていた。以下この二つの教団の活動について見ていきたい。

ここで中島重と久山康について簡単に説明しておこう。中島重は備中高梁のクリスチャンの家庭に育ち日曜学校に通い、岡山の旧第六高等学校の学生時代に洗礼を受けた。東京大学法学部に進学すると海老名弾正が牧師を勤める本郷教会の会員となり、同時に雑誌「新人」の同人となった。東大を大正五年秋に卒業し海老名牧師と吉野作造の推薦で大正六年に同志社の法学部に就職した。大正九年に海老名弾正が同志社総長に就任すると総長を助けて同志社アカデミズムの形成に大いに貢献した。また大正十一年にはイギリスの労働組合研究にマッキーバーのアソシエーションの概念を適用し『多元的国家論』を出版して学界に知られるようになり、同志社の看板教授と評されるようになった。ところが昭和三年末、同志社に失火事件が起こりそのため理事会の総辞職となったが、さらにこれが海老名理事長の退職問題などがからみ事態は紛糾し、中島も法学部教員十三名を率いて理事会に対立したため、責任を追及され、解職に追い込まれた。昭和四年五月のことであった。

幸い中島は賀川豊彦の推薦で昭和五年に関西学院に就職することができた。関西学院は前々から大学昇格を狙って神戸の原田の森から西宮の上ケ原に移転したところであったので大学昇格に役立つ人材を必要としていた。中島はそれにぴったり当てはまったのであろう。関西学院は二年後の七年には大学予科が開設され九年には法文学部と商経学部が開設された。中島教授は大石兵太郎助教授と協力して法文学部の開設に貢献している。

中島は日本憲法論や法理学などの講義といった教務とは別に、昭和六年には「社会的基督教徒関西聯盟」を結成して委員長となり、七年五月には機関誌「社会的基督教」(月刊)を発刊して宗教活動を始めた。これは昭和十六年十二月、第二次世界大戦に突入したため、特高警察の弾圧に屈して聯盟を解散し機関誌を廃刊するまで十一年に及んでいる。中島は三百人ほどの同志を結び付けて離さない高潔な人格者であった。

中島は昭和十年には恩師美濃部達吉の「天皇機関説事件」の余波を受けて、著書『日本憲法論』の絶版を命ぜられたうえ、天皇機関説を止めて本体説を講義することを強要された。初め機関説を保持し学説に殉ずることを主張したが、解職をほのめかされ、また関西学院に迷惑をかけることになることを配慮して遂に文部省の強圧に屈した。

十八年の学徒出陣によって関学には健全な男子学生はほとんど居なくなったため、関西学院大学も厳しい経営難に陥り、十九年には大リストラが断行された。たぶん天皇機関説事件も影響したのか中島は十九年十一月末をもって解職となった。終戦はわずかに九カ月後のことであった。

次に久山康は岡山県津山の出身で旧制松山高校で柔道に打ち込んだが病気で休学したため受験勉強ができなかったので、昭和十年当時無試験だった京大哲学科に進学した。また同時に従兄の山谷省吾のすすめで室町教会に属し、やがて受洗した。卒業後も京都に滞在していたが、昭和十七年に西宮の聖和女学院の教員となり、米空軍による仁川の軍事工場への爆撃の流れ弾に怯えながら終戦を迎えた。二十一年には関西学院大学予科の教員となり、そのあと文学部哲学科の助教授となり、教授となると学科主任を務めた。

久山は昭和四十九年二月、学園紛争のあと設けられた理事長・院長制という困難な職に就き五期十五年務めた。その間に上ケ原のキャンパスの自然の美化につとめ、校舎を建て替えてスパニッシュミッション・スタイルに統一して国内随一の美しいキャンパスを作り上げた。また千刈キャンプ場を整備し、キャンプ・センターを作り、さらに谷の向かいにセミナー・ハウスを創った。またクレセントというすぐれた感覚の学園ジャーナル誌も高く評価された。またランバス・レクチャーなど国際化に大きく貢献している。さらに文部省の規定に不足していた校地を求めるため、学長はじめ多数の反対を押し切って三田キャンパス用地十万余坪を兵庫県から購入したことによって将来の発展のため最大の貢献をしたと言えよう。久山は平成元年に百周年を前に辞任した。久山は関西学院大学百年の歴史の中でも最大の貢献者の一人といえよう。

久山は著作家であった。編著書は三十近くもあるが、殊に日本のキリスト教の歴史の研究においては他の追随を許さぬ業績を残している。また夏目漱石、ドストイエフスキー、ケルケゴール等の論評について高く評価されている。ここでは『近代日本とキリスト教（大正・昭和篇）』の第二章昭和期のキリスト教の中の「社会的キリスト教の運動」を主な資料として利用している。

久山と山谷省吾は従兄の関係で極めて親しい関係であった。

次に山谷省吾と中島重の関係について述べておこう。二人は同じ岡山県出身の同年齢で同じ旧第六高校と東大法学部で学んだ親友であった。さらに山谷は京都の旧第三高等学校で教え、中島は同志社と同じ京都に住んだ。昭和三年七月には滋賀における夏期大学で共に講師となり中島は「社会的基督教概論」について述べ、山谷は「イエスの福音における社会的要素」について語っている。二人は社会的関心についてもかなり近いものがある。ここでは山谷の論文「社会的キリスト教」をとりあげる。

一部　久山康の「SCM」論評

一　久山康――時代的背景とキリスト教

(一) 同志社の労働者ミッション

久山康によると、「大正末期から昭和初期にかけてコンミニズムが抬頭し、一般に社会意識が非常に昂まったことに対応して、キリスト教界でも青年学生を中心に従来のキリスト教の在り方にあきたりぬ感情が強まっていたわけです。そうゆうなかで賀川さんの活動がひとつの関心の中心になっていたところ、昭和二年十二月に賀川さんが同志社で特別伝道を行って、これが中島重を強く啓発して、中島重を中心に「雲の柱会」が出来、二、三十人程の人が毎週集って研究会をもっていた。やがてこの会は「同志社労働者ミッション」に発展した(1)」。つづいて「三年一月の発会式には全日本農民組会長の杉山元治郎さんが出席し、『汝ら之に食物を与えよ』という聖句の下に小作人の惨状を訴え、イエスの貧民に対する態度を述べたということです。この労働者ミッションの影響で、同志社では多くの優秀な学生が卒業とともに学校に留らないで、農村や社会に入っていったということですが、こうして次第に社会問題はキリスト教界の関心の的となっていった」[2]のである。

（二）社会信条

そんな時、昭和三年十一月の日本基督教連盟第六回総会で「社会信条」が発表された。

「この信条には『我等は神を父として崇め人類を兄弟として相親しむ基督教的社会生活を理想とし、基督によって示されたる愛と正義と融和とを実現せんとする者である。我等は一切の唯物的教育、唯物的思想に反し、階級的闘争、革命的手段による改造を排し、反動的弾圧にも反対するものである』という前文に続いて、民族、男女、家庭、労働といった全般的な人間関係について具体的に要求があげられています」[3]と述べている。

この頃「ＳＣＭ」と「社会的基督教」の活動が目立った。そこで久山には主に「ＳＣＭ」について、竹中正夫・嶋田啓一郎・山谷省吾の三人には「社会的基督教」について論評してもらおう。

二　久山康――SCMの勃興と消滅

（一）SCM（Student Christian Movement）

SCMというのは昭和の初期、当時の国際的、国内的諸情勢の下において、若きキリスト者学生・青年が、キリスト者として如何に生くべきかについて、共通の道を発見し、それに精進すべく結集した一つのキリスト教信仰運動であった。したがってこれは「日本基督教青年会同盟」の指導と庇護のもとにあった。

久山は『近代日本とキリスト教（大正・昭和編）』の中で次のように述べている。「当時のYMCAの主事は筧光顕氏でしたが雑誌『開拓者』は一時その機関誌のような役割を果したわけです。尤もSCM運動と呼ばれていたなかにも、思想的には種々の流れがあって、中心的指導者だった東京の菅円吉氏、関西の中島氏、九大に移った今中次磨氏では、それぞれ考えも違っていたようですが、とに角これらの人々が一方の旗頭として、全国の学生の集まって来る御殿場の東山荘のYMCAの夏期学校などでは、大きな感化を与えたようですし、また東京の日本基督教青年同盟内に基督者学生運動出版部というのが設けられて、盛んに書物を出して宣伝活動をしております」(4)と述べ、東西のリーダーについて詳しく論評している。

（二）東のリーダー菅円吉

東のリーダー菅円吉氏は「今までのプロテスタンティズムの行詰まりは、第一に宗教と文明とを切り離したことにある。そのために宗教は気分になり、自己陶酔的阿片的なものとなり、生活を変革する力を失った。第二にプロテスタンティズムが行詰ったのはそれがあまりに個人主義的であるためである。ルターに始まったプロテスタンティズムが行詰ったのはそれがあまりに個人主義的であるためである。ルターに始まったプロテスタンティズムが当時の文化一般の個人主義思潮とともに個人主義化し、従って内面化し主観的になったのは無理もないことであるが、今や文明は個人主義の時代を終って社会化の時代に転向した。現代は何処を見ても個人を改造することよりも、むしろ社会を改造することによって個人を改造することを高調すべき時である。それにも拘らず、社会は個人から出来ているから、個人が一人よくなればそれだけ社会がよくなるなどという笑うべき認識不足を敢てして平然たるキリスト者が多い。キリスト教は今や在来の個人主義を捨てて社会化すべき時が来ている。今迄のキリスト教が個人的、主観的、内向的であったのに対して、今後のキリスト教は社会的、客観的、外向的にならねばならぬ。それでは今迄の古い新教に対して未来の新教の特徴は何かというと、次の四カ条になる。『一、神とは宇宙の不断の創造的生命力である。二、キリスト教とはイエスに発せる神の国実現運動即ち神の歴史的躍進である。三、救いとは神の国実現運動に参加することに他ならぬ。四、信仰とは学問的真理と共に成長発達する』のであります」[5]。

これが菅氏の『基督教の転向とその原理』にみられる思想であるが、これに対する久山康の評価は厳しい。すなわち久山康は「この書物を読んで感じるのは、マルキシズム全盛の時代思潮に動かされ、社会感覚に欠けている教会人に対して先駆者、警醒者意識に溢れていますが、思想的にはキリスト教の福音の理解の仕方が浅薄で、歴史の見方にも人間の見方にも楽天的な平板さがあり、時代思潮と自由主義的キリスト教の粗末で性急な苟合しか見られない気がします」と厳しく批判している[6]。

(三) 西のリーダー中島重

次に中島は「当時のSCMの指導者の中では人物としては立派な信念の人だったそうで、東山荘のYMCAの夏期学校で公演を聞いた人の中には、ステパノを思わせるような崇高な感じさえ受けたと言った人もあります。その当時中島さんの『神と共同社会』は夏期学校のテキストにもなったそうですが、その序文は中島さんの立場をよく語っているように思います」と述べた上で紹介している。(7)

「我等は階級意識よりももっと大きい全体意識宇宙意識に依り動かんとするものである。私等は階級闘争よりももっと根本的なる愛の原則に依り動かんとするものである。我等はキリストの社会化愛が如何なる深き階級対立をも超えて働き得るその不可抗的浸透性を信ずるものである。之を信ずることは即ち神を信ずることである。労働者小作人は救の門に遠くない。然れども資本家地主も亦救はるべきものだ。すべてはキリストの社会化愛に依りて、社会化せられ神の国の有用なる構成分子となるべきものだ。我等は神に依りてその可能なるを信じて進むものである。

しかるが故に我等は労働者解放の政治運動と組合運動との外に此等の運動をインスパイアーする所の、而して社会の一々の細胞そのものを社会化して奉仕と協力の新社会を実現せしめる所の神の国運動を為さんとするものである」(8)。

このように中島についてはむしろ好意的に評価している。

(四) 関西学院における学生活動

中島はSCMの西のリーダーであったから関西学院でもマルキストの攻撃にさらされてかなりの混乱がみられた。

「中島が始められたバイブル・クラスが盛んになり、それまで賛美歌やキャンプソングの練習を中心にしていたようなキリスト教の集会が、それによって圧倒されるようになって行った。その頃法文学部の教授松沢兼人も影響を与えたが、学生は中島を置いてきぼりにして左傾し、学内にはアジビラが盛んにはられた。プチブル的キリスト教の微温性を糾弾して、きみらは温床で何をしているのか、われらの同志はブタ箱で臭い飯を食っているではないかといったような文字を斜めに書いたようなビラが、夜のうちに掲示板は勿論のこと、中央講堂の院長の坐る椅子にまではられていたようである。それから教会でも、週報を入れるボックスにビラが入れられたりした。このときSCMの運動を牛耳っていたのは神学生だったが、当時丁度バルト神学が紹介され、敏感な学生は危機神学かSCMかの二者択一を迫られた模様です[9]」。

(五) 東山荘の夏期学校の混乱と閉校

こうして「昭和七年の東山荘の夏期学校では、急進的学生が激しい動きを見せたために混乱状態に陥り、警察の手入れがあって多くの学生が逮捕されたので、電報で東京から呼ばれた同盟委員長の阿部義宗氏が突如閉校を宣言して事態を収拾したようだ。関西で同じ年に手入れがあって関学の寮からも数名の者が検挙された。そしてある神戸の婦人伝道部の家でその教会や共働会のメンバーが寄ってSCMの集会がもたれていたところで、検挙がなされた[10]」。

五年に始まった学生のキリスト教運動はマルクス主義とバルト神学の挾撃に合って七年には終焉を迎えた。「しかし昭和八年のYMCAの夏期学校では危機神学派の桑田（秀延）氏等が指導し夏期学校は前年と全く異なった方向に出発したのでした。けれどもこういう事件に対して、キリスト教界のSCM運動への批判は爆発し、YMCAからCを除けといった批判が盛んに行われ、関西ではライト・ハウスの岩橋武夫さんなどがその急先鋒だったそうです。そしてＹＭＣＡでも筧氏が辞任して、今の斉藤惣一氏が主事となり、当時学生だった奈良常五郎氏も同盟入りをして、福音的な立場でのＹＭＣＡの再建を計り、十三年頃には石原（謙）先生を校長とし、松村（克己）さんたちも講師陣となった夏期学校が開かれるようになったそうですね」[11]。

（六）久山の評価——東の菅と西の中島

久山康はＳＣＭの東のリーダーとしての菅円吉と西のリーダーとしての中島重をとりあげ、ＳＣＭの発生から消滅までの働きについて二人を比較している。

「この運動を通じて中島さんは人格的に尊敬されていて、誰に聞いても、思想を異にする人でも中島さんは立派だったと言いますけれども、菅さんについては甚だ芳しくありませんね。学生を煽動するだけ煽動しておいて、警察の手入れの始まった頃にはさっと転身したとか、思想としても『基督教の転向とその原理』などはキリスト教の理解が浅薄だったと散々です。しかしそれというのもあれだけ社会化の時代の到来を力説してプロテスタンティズムの個人主義を批判した人が、二年も経つか経たないうちに危機神学に転向して正反対の思想の解説者に変わってしまい、昭和九年には早くもブルンナーの『神と人』の翻訳を出すとともに、「宗教復興」を書き、さらに後には弘文堂の教養文庫『バルト神学』や『転換期の神学』の著者となるという転身の鮮かさに対する批判からきているようです」[12]と書いている。

二部　竹中正夫・嶋田啓一郎の「社会的基督教」批判

一　竹中正夫――社会的基督教の形成と発展

(一) 同志社における「雲の柱会」の活動

本章第一節で久山が述べたことと少し重複するが、中島について竹中正夫が述べるところを聞いてみよう。「大正一四年賀川豊彦が同志社に来て、基督教と社会思想について講演をし、中島も大いにその主張に共鳴してすぐ『雲の柱会』をつくり、毎週研究会をひらいて、二、三〇名のものたちが熱心に出席していた。やがて昭和二年、堀貞一が霊的な働きをし、同志社にリバイバルがおき、さらに十一月には賀川豊彦による伝道集会が学内でさかんにおこなわれたが、これを契機として、『雲の柱会』は、『同志社労働者ミッション』へと進展していった」[13]。同ミッションの創立総会は、昭和二年十二月九日午後七時より同志社神学館で開かれ、つぎのような運動方針が決定した。

一、基督教の立場から社会思想を研究する
二、基督教を社会的立場から見直す
三、都市、農村、漁村の一般大衆に基督の福音を宣伝する

昭和三年一月一三日には、「同志社労働者ミッション」発会式および講演大会が開かれ、中島は「神の国運動について」、大塚節治は「教会と社会問題」、そして杉山元治郎が、「汝等これにパンを与へよ」という題のもとにそれぞ

れ講演をなし発足を祝った。中島は同志社労働者ミッションの幹事長として指導的役割を果していた。その趣意書においてつぎのように述べている。

「イエスの宗教は単なる個人の救の宗教ではない。自我完成の瞑想的宗教ではない。それは飽くまで実践的社会的なる宗教である。社会生活の中に神を生かし、吾等が神にまで達せんとする宗教である」[14]。

ついで「昭和四年には『同志社労働者ミッション』は『日本労働者ミッション』へと発展し、賀川豊彦、杉山元治郎などと提携し、全国各地の都市、農村、水上の労働者にイエスの福音を宣伝し神の御旨にかなえる新社会の実現を期することを目的とした。また消費組合運動や社会事業にも従事する人物を養成した。

中島重は日本労働者ミッションの幹事長をつとめる一方、理論的指導者として尽力した」[15]。

ところが昭和四年の初めごろから同志社においては同志社騒動が激化し、理事会と激しく対立した法学部の一部教員のうち責任者として中島重は五月に遂に解職の処分を受けた。そこで日本労働者ミッションの組織としての支援活動も消滅に向った。

京都府綴喜郡草内村に農村伝道に入った岩井文夫は入所したばかりの時期に即廃止という悲しい犠牲となったのである。まことに思いがけない悲劇であった[16]。

他方、基督教学生運動（ＳＣＭ）は昭和五年の第四〇回夏期学校においてもりあがりをみせ緊迫した社会情勢のなかで、個人主義的な基督教理解を捨てて、新しい基督教の立場をもって時代に生きることを誓った。しかし先に述べたようにマルクス主義者の激しい攻撃にさらされ、昭和七年には事実上、解体消滅に向った[17]。

（二）社会的基督教徒連盟の結成

昭和六年の第四一回夏期学校に参加した、主として関西在住の基督者の間で、学生基督者とは別個の社会的宗教運動を開始することが、神戸雲内教会で話合われ、次にかつての「日本労働者ミッション」の同志たちも加わり、「社会的基督教徒関西聯盟」が昭和六年九月二四日に発足した。委員として京都は中島重、和田淋熊、末包敏夫、大阪は田中左右吉、金田弘義、神戸は岩間松太郎、竹内愛二が選ばれ中島さんが委員長に選ばれた。翌年五月から機関誌として月一回「社会的基督教」を発行した。

さらに昭和九年の大会で各地におきた社会的基督教徒の交わりを組織化し、「基督教徒全国聯盟」が生まれた[18]。中島を中心とする「社会的基督教」の運動は、つねに教会と密接な関係を保ちながら社会問題を研究し実践活動に従事した。ＳＣＭの社会的運動が、数年の間に自己崩壊していったのに対して、中島重の「社会的基督教」の運動は地道な研究啓蒙運動が続けられ、暗い谷間の時代に昭和十六年末に太平洋戦争が始まったため特高警察に弾圧されて解散し、廃刊されるまで続いた。

（三）中島理論の三つの柱と総括的批評

竹中正夫は中島重の「社会的基督教」には三つの重要な柱があったと指摘している。

その一つは現代はかつてない大変革の時代であり、第二次宗教改革が必要な時代であるとの認識。

その二は、社会は進化発展の傾向にあり、人類は連帯結合へと向っており、非社会関係が社会化して連帯結合がすすむとの確信があった。

第三はイエスの贖罪愛により連帯的な共同社会である「神の国」を実現することである。

竹中正夫は批評としては「中島の立っていた神学的基盤は一九世紀的自由主義的神学であり、人間の理性や能力に対する楽観論にあり、人間の限界と文化の危機の理解を徹底させ、聖書に示されている神の愛に立ちかえるという啓示中心的福音理解が稀薄である」[19]というものである。

二　嶋田啓一郎――社会的基督教の検証

（一）中島重のキリスト教の思想

久山康は自らの『近代日本のキリスト教』の中で中島重のキリスト教的思想について、中島重の弟子である嶋田啓一郎に論評させている。その中で嶋田は、「わが国の基督教思想史は、リベラリズム時代を特徴づけるために、中島先生のユニークな思想を一つの標識とすることができるであろう。（中略）中島先生の生涯には、さながらシャフツベリーの後裔たるを思わしめるような大胆なリベラリズム思想を跡づけることができるが、それは唯に基督教神学における近代主義の日本的反映としてのみ意味をもつものではなく、基督者として社会的思惟の領域に深く分け入ろうとするものが、現代の社会科学の本質構造に導かれて、いかに運命或は不可避的に反聖書的な内在主義的世界観に到達するかを示す一典型として、福音的なるものと社会的なるものとの関係を問おうとする場合に、今より後も永くわれらに無限の教訓と警告とを与えるものとなるであろう。

ダーウィンの『種の起源』(一八五九年)やその弟子ハックスベリーの『自然における人類の位置』により確立された進化論はスペンサー、ウェスターマーク、ホブハウス等により社会学的に精錬されて、社会発展理論を形成せしめたが、中島先生はわが国に於けるスペンサー研究の第一人者として、名著『スペンサー』を公刊せられ、社会を生物有機体との類推に於いて論じたスペンサーを省みつつ、社会結合本位思想と進化論とを融合せしめて、『発展する全体』(昭和十四年)の思想に到達せられた。例えばメーンが『身分より契約』、テンニエスが『利益社会と協同社会の交替過程』として、単に社会結合の形式の変遷において社会の発展を観ているのに対して、中島先生の立場は、社会そのものがその範囲及び内容において結合を増大し、連帯を増進する進化論にいわゆる「定向進化」(orthogenetic evolution)の過程にあるものと解し、社会化(socialization)、統合化(integration)の拡大、高度化をもって、社会発展の指標と観ようとするものであった。若き日より培われた基督教信仰における愛の協同体思想はこの発展的社会哲学と結びつけられ、活ける宗教とは、先生にとって宇宙万有の統一者にして包括者としての神との合一により、自我と社会との乖離、自然界と自我との矛盾を克服する社会的機能を果たすものと考えられた。宗教を斯く社会的、機能的にみる立場から、個人主義的資本主義社会より、社会結合連帯の増大深化する社会主義社会への発展の必然的なこの歴史の一大転換期に当って、宗教がより高度の意識社会化の歴史的課題を遂行し得んがためには、プロテスタンティズムはその個人主義的傾向を止揚して、神における共同社会の完成を目指す社会結合本位的『社会的基督教』へと第二の宗教改革を敢行しなければならぬという熱烈な主張がうまれ、基督者の社会主義運動への献身は、社会的基督教の本質より求めて止み難きものとされたものである」[20]と嶋田啓一郎は解説している。

（二）嶋田啓一郎による中島理論の批判

久山康は再び嶋田啓一郎の論説を用いて中島重の理論を検証している。それは、「その真摯にして一徹な中島先生の稀有の人格に惹かれ、その社会科学への熱情に導かれた人々のなかにあって、弁証法的神学を学びつつ、社会的基督教の人本主義的偏向の危機を感じつつあった私は、先生の宗教的立場の疑問性を主張して止まなかったけれども、『発展する全体』のなかに宗教哲学の人間本位的発展を主張された先生はひたすら終末論的なるカール・バルトの神学をもって、『暴論』であると批評せられた（同書二四八頁）。ひとしく『社会基督教』を唱道した米国のラウセンブッシュは人間の原罪性を凝視する点において自由神学のなかに異色のある立場を堅持したが、中島先生も神に反逆する利己・我執性を不断に強調せられ、『自己否定』こそ宗教者に固有なるものと説かれた。しかしこの自己否定は、多分に悟りをもって『我執を滅する』という仏教的色彩をもった概念であって、たまたま『社会的基督教の本質』において終末の思想を説かれる場合（同書九八頁）にも、その終末は利己心の断絶・終末を意味するものとして、超越的神の意志が、社会的結合・連帯の発展という形において内在的歴史のうちに、成就の途を辿るのである。神の国と人間的可能性との遮断を指すと思われる『社会と万有はこれに向かって進みつつあると考えられるが、時の間に於ては完全に実現されない。』（「社会的基督教の本質」一〇四頁）という意味深い言葉も、時と永遠、人間と神との越え難き究極的限界を見守ろうとするものではなく、『社会と万有とが神に帰入し、神の国が完全に実現され終われば、そこには神の心はもはや存在せず、存在するものは神のみとなる』（同書一〇四頁）という汎神論的理解のもとでは、神の国の完成は歴史的発展の一種の極限概念として、内在的歴史のうちなる前方に目指すべき努力目標として示されているのである。

これがわれらの生死を賭して守ろうとする基督教信仰というものであろうか。中島先生は、基督教信仰と社会的思惟とを結ぶ棘の道を切り開こうとして、社会的思惟そのものが近代性を背景として色濃く染めあげられた人間中心主義にいざなわれて、いみじくもフオイエルバッハが『近世の課題は神の現実化と人間化—神学の人間学への転化と解消であった』と喝破したように、聖書的信仰に固有な宗教的モチーフの後退をもたらす方向へと押しやられたのではなかったか。福音的なるものと社会的なるものとが結ぶ通路は、気味わるい深淵の間を縫いゆく迷路でもあって、いつしか信仰のともがらを奈落の底に連れ込もうとする」[21]と述べている。

こうして愛する弟子嶋田啓一郎は弁証法的神学の立場から中島重の社会的基督教の思想をフオイエルバッハと同様に神学の人間学への転化に終わるものと見なしている。そこで述べられる「自己否定」もまた人間の原罪性に深く根ざしていると言うより、仏教的色彩をもつ概念であると見ている。また神の国の完成も中島重においては、歴史の前方に目指すべき目標として示されているにすぎないと結論づけている。

（三）筆者の感想

まず中島は福音的なものと社会的なものを結ぶ新しい通路を創造するため一歩を踏み出している。それが「社会的基督教」である。人はよりよき生活を求めて結合して社会を構成し文化を創り出し安定した生活を営む。人はまた闘争関係、権力関係、利用関係のような非権力関係をも生み出すが、これを社会化させ結合関係に改編させ、社会関係を拡大させる。神は超越的に人と対峙するだけでなく、人に内在しその行為を支配する。そういう意味に於いて、汎神論の考えに立つ、中島はその為、キリスト教に大乗仏教の融合を提唱している。

それに対して嶋田啓一郎は中島の人格に極めて好意的であるが、結局のところ、中島の神学は十九世紀的な自由主義神学に拠っており、人間の理性や能力について楽観しすぎており、啓示中心的福音理解が稀薄であると繰返すばかりである。二十一世紀に入っているのに古代ユダヤ教の神観まがいのことを繰返しているだけでは、現代人を納得させることは出来ず、時代離れのした原理主義の暴論と見なされると中島はみている。

結局のところ嶋田が弁証法的神学を絶対の真理と前提してその高みから繰返し中島を批判してみても、また中島の「自己否定」は仏教的だと非難してみても中島はその弁証法的神学を否定しているから、歩み寄りが見られないのは残念である。

三部　山谷省吾と中島重の「社会的基督教」論争

一　山谷省吾の「社会的基督教」批判

中島重と山谷省吾は旧第六高等学校と東大法学部の同窓であり大正六年頃から同じ京都に住んでいたと思われるから竹中正夫によると二人は親交があったらしい。

そこで山谷は中島重の「社会的基督教」に深い関心をもって来たが、昭和八年九月に『宗教研究』十巻五号に「社会的基督教について」という論文を掲載している。そこでこれをもとに山谷省吾による社会的基督教の批判についてみてみよう。

（一）社会的基督教の史観

社会的基督教徒は古い基督教を、近代社会の要求に応える様な新しい形に作り直そうとし、その結果出来上がったものが「社会的基督教」に外ならない。古いものを新しい原理によって解釈しようとするのが社会的基督教であるとすればその原理とは何か。山谷によるとそれは次のようなものである。

「まず第一に、社会的基督教の立つべき史観と云うものがある。それは例えばパウロがロマの書の中で発展させている史観などとは全く異なるもので、近代の社会学から来たものである。社会学乃至は唯物史観と関連を持っている点に、この派の基督教の特徴があると思ふ。

即ち社会の発展は、原始社会から権力社会を経て市民社会へと進んでいる。そして今は市民社会の末期に相當し、將に新なる社会即ち社会主義的社会へ転向せんとしてをる。此は動かす可らざる事実である。そして宗教の発展も、この社会発展に応じて進んでをる。原始社会にはトーテミズムや祖先崇拝の如き宗教が行はれ、権力社会に於ては信仰本位の宗教となる」[22]。これが新しい史観であるが、この市民階級の宗教がプロテスタンティズムである。資本主義と民主主義はプロテスタントの主義である。

「然るに今や市民階級は没落に瀕している。その背後にプロレタリアートの大群がおし寄せて居る。彼等はやがて支配者になるだろう。資本主義社会は終りを告げ社会主義の社会が来るだろう。（中略）新時代と雖も　、宗教は必要であり、基督教は必要である。この時代の基督教は社会的基督教に外ならない」[23]。このような歴史観に立っている。

(二) 四つの批判点

社会的基督教は従来のプロテスタントが余りに「個人主義的」であって、社会を救う事に目を閉じていることである。個人が救われてさえおればそれで良く、「個人の霊魂」のことのみに気をとられ有頂天になっている。宗教はそこでは「神と霊魂との関係」に局限されており、そこでは行為を無視し実践を軽んじている。社会は苦しみ、人は悶えている。それに対し救の手を延すのが基督教ではないのかと攻撃する。(24)

第二は、プロテスタントは余りに「保守的」であって、「社会的認識」が不足している点である。彼等は社会的正義感を缺き、勇気も缺いている。彼等は社会の何たる可を解していない。またその資本主義社会に如何に戦慄すべき罪悪が蔓延しているかを知らない。その責は彼等の怠慢にあるとしている。(25)

第三は聖書主義の固陋である。「聖書を重んじその教へ以外に出ることが出来ない。がこれは聖書に対する誤った態度から来る。聖書そのものが既に時代の産物である。時代は刻々移る。然らば聖書の解釈も時代と共に変って然るべきではないか、紀元第一世紀の基督教団体は、ロマの世界と隔絶の状態にあった。彼等はこの世では殆ど認められず、従ってその希望を彼岸においた。それは当然のことである。だから聖書には終末観が支配的である。然し二十世紀の文明とそれに対する基督教の地位は、全然異なっている。聖書には社会思想が見えていない。然しそれだからといって我々も基督教的社会思想を抱いてはならぬという結論は出ない。聖書は法律や規則ではない。その通りを行へば足りるなどと考えるのが根本的誤謬である。」(26)と主張する。

第四は、教会の衰退である。「教会のこの衰微は社会的原因に基いて居ることを、彼等は知らないのだろうか。即ち最早自由な市民の時代は過ぎ去って、プロレタリアートの大衆時代になってをる。然るにこの大衆に眼をくれず、依然亡びの過程にある市民階級を相手にしてをるから、彼等の衰微があるのである。宜しく態度を改めて、大衆と手を握って進まねばならない」[27]と主張する。

これが社会的基督教が前時代の基督教に対する攻撃である。ところが社会的基督教は同時に積極的な建設目標をも主張している。

（三）積極的主張

第一は「神の国」である。

「『社会的基督教』が神の国をその綱領の第一に掲げているのは当然である。新しい時代の人の眼を以って見る時、神の国は直ちに新社会として解釈され得るからである。がその内容に於いて終末観的要素を取り去り、現世的・地上的のものと為した所にその特色がある。この場合に於いても概念構成に助けを与へたのは社会学であった。即ち『部分社会』(association)に対する『共同社会』(community)の観念である。共同社会とは謂はば神ながらの結合であって、人間的な組織や目的を持たず、心と心とが正接に触れ合う社会、その基調はあくまで道徳的である社会を指す。それは此世にあって一部は現れ、一部は隠れて居る如き社会である。この社会を神と結びつけて見る時、神の支配のあはれと信ずる時、そこに神の国が生じる。共同社会は各特殊団体、例へば国家や教会や家族や産業団体の基礎に横たはれる根本的・一般的結合である。基督教の愛の実行を以ってそれを神に迄引き上げる時、神の国は拡大し且つ強化し行くのである」[28]。こうして共同社会の概念によって神の国が身近に感じられるようになった。

第二は「神」の存在。

神は人格であり又精神であり更に生命であるという点に於いては、従来の神観と大差はない。ただ社会と関連して見る関係上、そのニュアンスに相違の出来ることは否めないだろう。神の生命は人間の生命に通い、神の精神も人間精神に通うて居る。人間が神の子だと云うのは、神と同質的存在だからであって、ただ人間は不完全、神は完全な所に差があるのみである。「この思想に汎神論的傾向が強いことは争はれないと思う。従って神は内在にして同時に超越だと説いてはあるが、その本格的所はむしろ内在的な所にあると見られる。少なくともオーソドクシに於いて説かれる神の超越性とは非常に異なっている。

そこでは神は世に対して存在する他者であって、厳密な意味では世に内在するとは云い難い。ただ神は世の創造者であり、又人間は神の救を受ける可能性があると云う程度に於いて内在性ありと云うに止る。社会的基督教はむしろプロテスタンティズム中自然神学的傾向の自由神学の後継者である。両者共に大体人間の力殊に理性によって神を知り、然る後これを信じる点に於いて、相通じている」[29]。こうして社会的基督教は自然神学的傾向の自由神学の後継者とみなされている。

その第三は信徒の使命としての「神の国の実現」。

「宗教改革が『信仰のみ』を説いたのに対し、愛を断然力説した所に此派の基督教の特色がある。愛は然し社会に於ける実践であって、それを外にして例へば神への礼拝とか祈祷などには重きがおかれていないように見える。そして殊に顕著なのは十字架の実践なる思想である。『神の国の実現はイエスの十字架に顕れたる贖罪愛の実践に依りてのみ可能なりと信じ自ら贖罪愛の生活者たらんことを期す（綱領）』イエスと共に苦しみその苦難を補うという思想、又は十字架を模範とする思想は古くから基督教に存在していたが『自ら贖罪愛の生活者たる』ことを前景に持ち出し、ここに我等は立つと公言したのは、『社会的基督教』の特徴であって、大いに注意すべき点だと思う。従って十字架の意義もキリスト降誕の意義も、従来の解釈とは甚だ異なっていることを認めざるを得ない」[30]と高く評価している。

（四）覚醒させる為の熱動への共鳴

山谷は次のような観点で社会的基督教に共鳴している。「基督教は瞑想的・隠退的宗教ではなく、堅実的な社会道徳と実践とに生きてをる宗教である。ただ自らで神の前にただしきを以って満足すべきではなく、非道徳的行為に滅び行く現社会の為に、敢然起ってその救済に当たらねばならない。現社会の内に正義と愛との支配を招致せねばならない。即ち対社会的実践を私共は要求されてをるのである。もし基督教が現社会に巣喰ってをる多くの罪悪を認めず、又は認めつつも之と戦う勇気を缺くに至らば、基督教の生命は去り、教会は死せるものとなるだろう。然し現在の基督教と教会は果して対社会的任務を尽しているだろうか。むしろ個人主義に走り、自己のことのみで満足してはいないだろうか。『社会的基督教』はこの点に鋭い批評を加へ、社会的に惰眠を貪れる現代の基督教を真っ向から覚醒させんと熱動して居る。

私はそれを多とし、そしてそこに共鳴を見出す者である。『社会的基督教』の理論がこの点を拠所として立てられている事情に私共は十分の理解をもっている積りである」[31]と共鳴し高く評価している。

（五）社会的基督教の理論と内容の吟味

このように山谷は社会的基督教の勇気ある実践に共鳴しているが、理論の行き方と内容に於いて、基督教そのものの把握に於いて、首肯し得ない点があるのでそれを吟味したいという。

第一に宗教と科学の融合の問題である。社会的基督教は「学問的認識と余りに密接に関係している。そこでは宗教が学問によって決定されていると云っても、敢て過言ではないと思う。私の意味するのは即ち社会学である。それは主張する、謂はゞ学問の王座を占めておる社会学の結論に、我々凡ては服従しなければならない。それと相容れない様な宗教の立て方は容認されない。『社会的基督教』の奉じている社会発展の段階とそれに相応ずる宗教の、基督教の発展段階とは、社会学によって基礎づけられた動かし難い真理であて、将来の基督教は新しいこの発展段階の上に据えられねばならない。誰しも据えられた基礎の外に基督教の建築を立ててはならない。そしてその基礎は社会学である。私も社会はこの派の人々の主張する様な方法で大体発展して行くものだろうと考える。然し基督教の各種をその各々にあてはめて簡単に片付けてしまうのは不賛成である」(32)と言う。

第二に文化の一項目としての宗教とその変化である。宗教をこの世の文化の一つと見、それ等と同一の動きを宗教も亦すると定めるのであって、そこに大なる誤謬が横たわって居る。勿論それは宗教の理解そのものの相違に起因して居って、見解の相違なりと云へばそれ迄だが、然しある程度迄宗教の超越性を認められて居る人々にとっては、宗教をこの世の文化と同一視することは出来ない筈である。況や宗教の本質を以て文化と全く異なるもの、即ち他者なる神との関係なりと見る者にとっては、社会学的発展の諸段階の中に基督教の各派を入れ込んで了うことを、どうして妥当と見ることが出来よう。それのみではなく、この見解は事実にも反する。

例えば封建的権力社会は過ぎ去っているにもかかわらず、カトリックの信者が依然として勢力を持って居るのは何故であるか。英国やアメリカのような自由主義の国にも、その信者の相当に達するのは何故か。半カトリック的な英国基督教会の存在又はフランス革命後における同国のカトリック支配の如き現象は、どう説明するのか。又原始基督教の運動を社会学的に説明しようとする種々な試の失敗は、私共は之を認容せざるを得ないではないか。

「私は勿論、基督教の様な宗教が学問によって影響され左右されるのは止むを得ないと思う。神観の進化とか基督教の発展とかいう言葉は、誤解はされ易くはあるが、正当だと思う。

然し学問を本として、基督教をそれに合う様に解釈してはいけない。又社会状体に都合の良い様に基督教を立て直してもいけないと信じる。それでは宗教そのものの独立性はなくなって了うではないか。私は『社会的基督教』が必ずしもそこまで進んで居ると云うのではない。少なくともイエスの宗教を他の一中心点として出発する以上、この傾向は可なり規正されると思う。然し何と云っても、立場は人本主義的である。人間の政治思想、人間の社会思想更に人間の社会の動きが本となって、聖書は解せられイエスの宗教は見られて居る。聖書の権威は人間の要求によってきかえられて居る。この点が私には不満である」[33]と指摘している。

宗教を文化の一項目と考え、社会の動きを本（独立変数）とし、宗教をそれに対応して変化するもの（従属変数）と見る時宗教の神聖性はどうして保たれるのかという批判は、核心を突いた批判であると筆者には思はれる。

第三に、「個人的基督教と社会的基督教の対置」による検討は正しい結果をもたらさないという。社会的基督教も個人と人格を止揚していないし、個人的基督教においてもイエスの隣人愛の教えを常に守っている。ただ現代はより強く社会的義務を高調すべきだと言うにすぎない。高調するためには基督教を改革しなければ実現しないと社会的基督教は主張するのである。

しかし山谷はそれにには承服出来ないと言う。それは餘りに俗過ぎ、神を社会にまで引き下げることになるからである。それでは基督教は政治的・経済政策の一党派になってしまうからであるという。基督教には時代に超越した「永遠的なもの」があり、変化する時代の中で毅然として立っていなければならないという。社会的進歩に伴はないから宗教改革が必要という主張は一見もっともの様で誤っていると山谷は述べている。

山谷によると「ルターの個人主義はカトリックの教会主義・法王主義に対し、各人が神の前に責任を負うべきことを主張する個人主義であった。それは神に対するもの、しかも神の前に自らの良心に於いて義務を感じるものであって、資本主義などの中核を形成せる幸福主義又は利益主義と同一視してはならない」[34]と言う。

勿論プロテスタントの「多くが人本主義・世俗主義の啓蒙思想に根ざす個人主義におし流され、資本主義文明の囚虜となったのは甚だ痛ましい出来事である。彼等は宗教を捨てたのである　が然しこの資本主義の急流の中にあって、基督本来の精神に立ち帰り、敢然時流に抗して戦った者のあることを知らねばならない」[35]。

そこで重要なことは「プロテスタンティズムをその純粋な形に還し、新時代に活躍させよ。それが現代にあって私共のなすべき任務だと信じる。假令世が社会主義となっても、このことは変りはない」[36]と提案している。

第四は社会的基督教の「神観の変更について」である。

山谷によると「社会的基督教」は基督教の神観を神を社会と見、内在的・汎神論的な神観へと変更しているという。「もし従来の基督教の考えていた様に、神と社会とを別個の存在と見るならば、社会に対する働きはいきおい弱くなる。その結果次第に社会に無関心とならざるを得ない。だから、神を社会と見、内在的・汎神論的な神観を立てることによって、全体の主義は救はれるのである」[37]と超越的な神を内在的な神に変えたのだとみている。

しかし山谷は懸念する。すなわち「かかる神観で果たして良く社会活動に力を与へ得るだろうか。盛んな社会活動への刺戟がかかる神から出て来るだろうか。しかも力の源を人間にありとし、神を人間の働の目的と見る場合にはそれで差支えあるまい。がそれでは結局神は人間に対して消極的存在となり、神秘主義の如きものになりはしないだろうか。基督教の活動主義はむしろ超越的な生ける力の神から発生する」[38]のであるが「汎神論的内在論は人を無差別観に陥れ、社会的活動を鈍らせるのが自然である」[39]という。そこで山谷はこんなことでいいのかと心配している。

第五に「彼岸性」の問題である。社会的基督教は神観を改造したため彼岸的色彩が非常に薄くなり、基督教の伝統を余りに離れ過ぎてしまったと山谷はみている。そこで果して宗教として多くの人を満足させ得るだろうかと危惧される。というのは彼岸の世界との関係が明かに浮び出ないことには、人間の宗教的要求は充されず、社会的又個人的不安は静められないのではあるまいか、と考えられるからである。

如何なる形にもあれ、基督教の信仰を得る為には個人と彼岸的な神との関係を明瞭にしておく必要がありはしないだろうかと山谷は考えている。

もし「東京基督教青年会同盟」のような極端な連中が出たとき、人本主義に基く文化運動・社会運動の一種に近い社会的基督教に、それを喰い止める力があるだろうかと疑問を感じている[40]。

要するに彼岸性が薄くなることによって、宗教としての機能も弱まることを危惧している。

二　山谷省吾の批判に対する中島重の反論

中島重は親友の山谷省吾の温かい批判に対して「社会的基督教」（三巻二号）に反批判「『彼岸即此岸』『寂光土即娑婆』――山谷省吾の批評に答えて――」を書いて答えた。

まず「山谷君の批評は従来の此の種の批評に比すれば遥にその理解の程度に於いて、進んだものがあり、此の方面の書き物のすべてに渉りてより熟讀玩味するの労を恪まれなかったことに対しては、深き尊敬と感謝とを感ずるものである」[41]と親友の温かい批判に対して謝意を表している。

（一）山谷省吾の批評の要点

中島は山谷の批判を「山谷省吾は社会的基督教はあまりに論理的運動であり此岸的であって宗教的彼岸的方面を軽視している」[42]と捉えている。

（二）「神の国観」

この批判に対して中島は「なるほど社会的基督教は『神の国』を此の現実社会に実現せられていくものと解して信仰と実践の態度を定めて居る。その点から言えば此岸的であるに違いない」[43]然し「彼岸と此岸との考え方が、山谷君併びに従来一般の考へ方と吾人の考へ方とが最早や同じではないと思ふ」[44]と考へている。

しからば両者の考えはどう違うのか。

中島によると「彼岸が此岸から遠く考えられ、寂光土が娑婆より离れて考えられることを、仏教における小乗とするならば、『神の国』を天上に考えて、地上の『神の国』と別のもののように考へる考へ方は正しく基督教の小乗であるといってもよいと思う。仏教に於ては大乗になりては即身成仏というと同じ意味に於て、現象即実在、此岸即彼岸、娑婆即寂光土と考えるようになった」[45]という。

こうして中島においては「従来の意味における彼岸と此岸との区別はない。此岸に実現せられ行く彼岸を別にして他に彼岸はない。地上に実現せられ行く『神の国』を外にして『神の国』はない」[46]のである。

（三）内在と超越

次のテーマは内在と超越の問題である。山谷によると「中島君の立場は内在的に過ぎ、寂静不活動に陥る」と言う。これに対して中島は「然し吾人の内在は言はゞ実在論的内在であって、観念論的内在ではない。即ち自我の衷にのみ内在することを行って居るものではなくて、社会や自然や宇宙といふ、自我の外に実在せる存在のうちに神の内在し躍動し発展しつつあると言ふもの」[47]である。

また「神の国が観念論的内在に非ずして時間的実現的なものであるといふことは、その現実社会と現実世界とを超越して居ることを意味する」[48]のである。そこで「神が超越にして同時に内在であり、内在的であって同時に超越であることは吾人社会的基督教の一家言」[49]でもない。

（四）神本主義

「吾人は斯くの如く『神の国』に対して自己否定的奉獻の態度生活を以って宗教生活の精髄と信ずるものである。此の意味に於ては吾人は毫末も人本的でなく何処迄も神本的なるものである」[50]と信じている。

このようにして中島重は基督教と大乗仏教を融合して新しい宗教を創造し、そこから社会的基督教を実践しているのである。

三　論争が残したもの

要するに二人の論戦の根幹は自由神学（海老名弾正）と伝統的福音主義（植村正久）の論戦の再現とも見ることが出来るが、これに中島は科学と宗教の関連の問題をからませている。

先の植村・海老名の論争ではカトリックの権力主義を想わせる行為、すなわち「福音同盟」による海老名の除名がなされたが、世間の評価はむしろ海老名に温かく、教勢を強めた。

今回はプロテスタント間の論争にふさわしく、二人の真友は重要な課題を縦横に論じ合った上で相手を称えて論争を終えた。

プロテスタント各派の間は平等で、「正統」も「異端」もあり得ないのである。

二人の真友の「竜虎相搏つ論戦」に優劣の判定を下す能力を筆者は持ち合わせていないが、一言感想を述べさせてもらう。中島の主張は決して独創的なものではなく、前例のある意見である。一つはアメリカで十九世紀以降に展開されている「社会的福音運動」にみられ、日本でも留岡幸助や安陪磯雄などの「キリスト教社会主義」の実践活動にみられるものである。中島にみられる特徴はこれらの見解に加えて大乗仏教の教理と結びつけ、神を超越性とともに人間、社会、自然にも内在するものと考え、汎神論を正当化している。したがってこれは伝統的福音主義とは対立せざるを得ない。

（一）中島が残した二つの課題

一つは科学がかつてない程、急激に進歩している二十世紀において、科学の世界と宗教の領域をカントが遂行したように認識批判によって、科学の領域に一定の限界を画し、科学以上の世界として「本体界」を画して宗教の領域を確保したような作業を実施して欲しい。

もう一つはキリスト教と大乗仏教を融合させることによって中島重の「日本的キリスト教」をより体系的に示して欲しい。

むすび

昭和初年から昭和二十年八月の敗戦までは、戦争遂行のため国家権力が全国民を壮年の男子はすべて兵役に就かされた。（十五歳で海軍航空隊に入隊して特訓を受け、最後は突撃隊に編成されていた人もいる。）そして一般の中学生・女学生に至るまで軍需工場へ勤労動員されるという暗い悲惨な戦争の時代であった。

そんな苦しみの時代、大多数のクリスチャンはひたすら個人の内面に閉じ込もり自己の霊的救済にのみ専念するなかで、中島重はキリストの十字架の贖罪愛によって「神の国」を地上に実現しようと「社会的基督教」の旗を高く揚げて活発な知的啓発活動を行うとともに賀川豊彦、杉山元治郎等と協力しながら「農村伝道」、「都市下層労働者への伝道」、「港の艀の児童救済」などの実践を企画推進した。

さらに中島重は国家権力によって天皇機関説の教授を禁じられ、著書『日本憲法論』も発禁とされ、遂には活動母体の「聯盟」の解散という究極の弾圧によってとどめを刺されたいわば時代の殉職者であった。

中島重の熱誠あふれる演説を聞いたあるキリスト者は、それはステパノ（キリスト教の初の殉教者）を想起させるほどに崇高なものであったと称えている。

憂国の士 中島重への惜別の辞

中島重は昭和十九年十一月末関西学院を退職したが、その頃から宿痾が次第に悪化して床に伏せるようになった。

山谷省吾はそんな中島を勇気づけようとしたのか、自ら監修した新教社の『温故小文選』の一つに中島の「国家本質に関する二大思潮の対立」を収めて出版した。

そしてその解説に「（中島の著作には）つねに変らず、すべてを一貫した思想と信念を認めることが出来る。それは結合本位の社会学的理念と人格主義的民本思想とプロテスタント的社会的基督教信念とである。著者の筆に人をひきつけ、導きゆく力のあるは、著者の血となり肉となれし此等の思想と信念との働である。著者は同時に憂国の士であって、日本民族の将来とその宗教的道徳政治につき責任を感じ、発しては時々の実践運動となっておる。学界における活動、青年えの教育の他に、ことに社会的基督教運動指導者としての活動は目醒しいものがあった」[51]と書いている。

このように山谷は真友であり同時に論敵である中島に対し「憂国の士」と最大級の賛辞を賜っている。

中島は戦後、同志社から再就職の要請を受け入れたにもかかわらず、講壇に立つことが出来ず二十一年五月二十九日に壮烈な遺言「わが屍を乗り越えて進め」を残して死去した。そこでこの山谷省吾の解説は期せずして真友への心のこもった「惜別の辞」となった。

後記

敗戦を迎えると同志社大学は新しい時代に学園を飛躍的に発展させることを願い、昭和四年の中島教授への不適切な解職を率直にわび、再び同志社の教壇（総長）に復職されることを要請し、中島先生もこれを快諾した。しかし惜しいことに中島先生は病魔に捉えられ同志社大学で講義することなく死去された。

すると同志社大学は「大学葬」をもってこれにむくいた。遺言により司式は後関西学院大学の文学部と社会学部教授となった竹内愛二先生、履歴朗読は神戸女学院長となった溝口靖夫先生が勤めた。まことに惜しい遅すぎた栄光であった。

〔注〕

(1) 久山康編『近代日本とキリスト教』大正・昭和編、創文社、昭和三一年、二七七頁。
(2) 同、二七七頁。
(3) 同、二七七頁。
(4) 同、二七七〜二七八頁。
(5) 同、二七九〜二八〇頁。
(6) 同、二八〇頁。
(7) 同、二八三頁。
(8) 同、二八四頁。
(9) 同、二八七〜二八八頁。
(10) 同、二八八頁。
(11) 同、二八八頁。井田昭子「中島重と関西学院――SCMと社会的キリスト教運動をめぐって」関西学院『キリスト教主義教育』一九九〇年十月、二五頁―四二頁。
(12) 久山康、前掲論文、二九二頁。
(13) 竹中正夫「中島重」和田洋一編『同志社の思想家達』(下)、一九七三年、二〇二頁。

(14)同、二〇二頁。
(15)同、二〇三頁。
(16)高道基編『敬虔なるリベラリスト——岩井文男の思想と生涯』一九八四年。
(17)竹中正夫、前掲論文、二〇四頁。
(18)同、二〇四~二〇五頁。
(19)同、二〇六~二〇九頁。
(20)久山康、前掲言、二八五頁。
(21)同、二八六~二八七頁。
(22)山谷省吾「社会的基督教について」『宗教研究』十巻五号、一四~一五頁。
(23)同、一六頁。
(24)同、一六~一七頁。
(25)同、一七頁。
(26)同、一七~一八頁。
(27)同、一八頁。
(28)同、一八~一九頁。
(29)同、一九頁。
(30)同、二〇頁。
(31)同、二一頁。
(32)同、二一~二三頁。
(33)同、二二~二三頁。
(34)同、二四頁。
(35)同、二四頁。
(36)同、二五頁。
(37)同、二五頁。
(38)同、二五頁。

(39) 同、二五頁。
(40) 同、二六～二七頁。
(41) 中島重「『彼岸即此岸』『寂光土即娑婆』――山谷省吾の批評に答えて――」「社会的基督教」三巻二〇号、八頁。
(42) 同、八頁。
(43) 同、八頁。
(44) 同、八頁。
(45) 同、九頁。
(46) 同、九頁。
(47) 同、十頁。
(48) 同、十頁。
(49) 同、十頁。
(50) 同、十一頁。
(51) 新教出版社『温故小文選』3、一九四六年、九七～九八頁。

八章　竹内愛二の開拓伝道と「社会基督教」の復刊

はじめに

（一）竹内愛二の家族

竹内愛二は父が九州の出身で、同志社の神学科を卒業された牧師であり、母親も伝道師というクリスチャン・ホームに育ったそうである。そこで幼少期からキリスト教徒の生き方を自然に修得したものと思う。そのためか竹内は終生、堅く信仰を守り、学校でキリスト教社会事業を教えるだけでなく各種の活動を実践した。弟の竹内信氏も牧師でこの信仰集団の同志として働いた。

（二）同志社中学を卒業して神戸三菱造船所へ

竹内は大正二年三月同志社中学を卒業し、神戸三菱造船所に就職した。竹内は最初から目的をもって三菱造船所に勤めたそうである。

（三）アメリカ留学

その目的はアメリカ留学であった。そこで無駄を省いて貯金してアメリカ留学に必要な経費の貯蓄に励んだ。神戸三菱造船に約十年間勤めて大正十三年に資金が目標額に達したので渡米し、アメリカのカルフォルニア州・ポモナ大学からオハイオ州の名門校オーベリン大学に入学し昭和三年六月に卒業した。つづいて大学院に進学し、四年六月に卒業してＭ・Ａ・の学位を得て帰国し、昭和五年七月から神戸女子神学校の社会事業の主任教授と、同志社大学神学科で社会事業の非常勤講師を昭和十四年三月まで勤めている。そして昭和十四年四月から二十年四月三十日までは同志社大学法文学部の専任講師となる。さらに二十年五月一日、法文学部教授に任用されたが、二十一年三月三十一日突然辞任し、二十一年四月一日から二十三年三月三十一日まで二年間灘生活協同組合の常務理事を勤める。

竹内が就職した昭和五年七月は中島重が関西学院に移った頃である。以下昭和六年以降の活動をみてみよう。

一　社会的基督教徒聯盟委員としての活動

竹内は帰国するとすぐ同志社大学文学部の神学科で社会事業の講義を始めたが、それは丁度、同志社騒動のため中島重が同志社を辞職し関西学院に移られた時期であった。しかも中島重の「ミッション」とは自分が追い求めて来た社会事業の理念と同じものであることを知り衝撃を受け強く魅感された。

（一）ＳＣＭの夏期学校参加

ところが丁度この頃、キリスト教徒の学生達によるＳＣＭ運動が活発に展開されていたが、この運動は、当時、青年学生達の政治思想界を席捲し、圧倒的な影響力を持っていたマルクス主義者の階級闘争と革命運動に対抗するためにキリスト教徒の学生達が立ち上がった運動であった。しかし当時のマルキシズムの革命運動の衝撃を受け、混乱し遂に分裂した。

竹内らは昭和六年七月この学生達の第四十一回夏期学校に参加して大いに啓発された。そしてその参加者の中で学生ではない関西の人達が神戸の雲内教会において会合を開き、自分達も団結して独自に活動することを申し合わせた。そして四年五月に中島重が同志社を退職したため自然消滅していた「日本労働者ミッション」の元メンバーにもその意思を訴えた。中島はこの要請を受けて時が満ちたのだと喜び、ミッションの元メンバーも加えて再組織し、昭和六年九月二四日に「社会的基督教徒関西聯盟」の発足にこぎ着けた。その際竹内は神戸地区の中央委員に選ばれている。まことにあざやかなデビューであった。

（二）聯盟の形成発展と終焉

中島重が委員長に選ばれ活動を開始したが、その最初の事業のひとつとして昭和七年五月機関誌「社会的基督教」の創刊号が刊行された。この運動は諸方面から社会的基督教への共鳴を得て、昭和八年八月二十一日神戸麻耶山で開かれた第三回社基大会において「社会的基督教徒全国同盟」へと飛躍的に発展し全国に七つの支部が出来た。

その後も順調に発展し、十五年には機関誌は百号に達した。しかしながら昭和十二年七月には中国大陸に戦火が火を吹き次第に拡大し、さらに昭和十六年十二月八日には第二次世界大戦に突入した。そして官憲のキリスト教への弾圧は益々強まっていった。同志のなかには鉄窓に呻吟するものさえ出たのである。またキリスト教の機関誌への風当たりは益々厳しくなった。そんな厳しい空気のなか、特高警察から聯盟の解散を示唆されたため、前途の困難を悲観した同志は十七年一月二十二日、大阪の安東長義の経営する薬石図書館に集まり、社基の今後のあり方を相談した。その会合に集まったのは、安東長義、中島重、金田弘義、中村遥、竹内愛二、梅本、緒方、溝口靖夫、大下角一の九名であった。緊迫化する戦争突入後の状況にかんがみ遂に社基聯盟の解散を決議し機関誌も廃刊に追い込まれたが、追悼号を十七年一月に刊行している。それらの実務では竹内が大いに活躍した模様である。三月には中島重委員長は京都府警特高課に呼ばれて社会的基督教連盟の解散届と社会的基督教の廃刊届を提出した。

（三）社基において竹内が果たした役割

昭和六年九月に「社会的基督教徒聯盟」が結成されたがそれをリードしたのは阪神間の信徒グループであり、その中心の一人に竹内がいた。そのことは最初から竹内が神戸地区の中央委員に選ばれたことで証明されている。そしてこの機関誌「社会的基督教」において竹内は毎回「海外ニュース」を担当し、語学力を生かし世界のキリスト教界のニュースを伝えた。その外論文も数多く書かれているが、そのテーマは始終一貫「社会業事業」に徹しているのにはまことに頭が下がる。また北支やインドへの旅行記などはとても魅力的なものである。さらに竹内は本誌の編集の責任者も長く勤めている。実のところ竹内はいつの頃からか実質的にこの連盟を動かす実力者になっていったものと推察される。

次に日米開戦から三年半の暗黒の状況に耐えて、二十年八月十五日にはようやく終戦となり、新しい時代の到来が期待されたが、いち早く社基の復興運動を展開したのは全国七支部の中で、関西支部だけであった。それも竹内を中心とする阪神間グループであった。このような実情を的確に把握していた中島重はかなりはやい時期から後事を竹内に委ねることを決めていたと思われる。

中島重は昭和十九年十一月末に関西学院を辞職したが、病を得て病床に伏した。そこで二十年八月十五日終戦の前に、すでに委員長を竹内にきめていたようである。

このようにみると竹内の「社会的基督教連盟」における役割は中島のそれに次ぐ重要なものであったことを知ることが出来るのである。

二　中島重の死去と葬儀

ところで同志社大学は戦後になると平和を希求する新しい大学を創るためにには中島重を必要と考え、昭和四年同志社騒動における中島重に対する一方的な解職は間違いであったと謝罪し、教授として再任用の要請をした。中島はこれをとても喜んだが、まことに残念なことに病は回復しなかった。

中島重は危篤状態のなかで同志を枕元に集め「我が屍を乗り越えて進め」と古武士のような壮烈な遺言を残し同志を鼓舞された。中島は真の勇者であった。併せて私の葬儀の「司式」は竹内愛二に、「履歴朗講」は溝口靖夫に頼むと言い残した。

こうして中島は遂に同志社の教壇に復帰することなく二十一年五月二十九日に死去した。同志社大学は中島重の死去に対して大学葬をもって応えた。昭和二十一年六月三日同志社神学館でとり行われた中島重の「社会基督教徒聯盟」と「同志社大学」の合同葬は遺言通り竹内愛二が司式し、溝口靖夫が履歴を朗読した。

三　社会基督教全国連盟の復興と活動

先に述べたように「社会的基督教連盟」は日米開戦とともに特高警察によって弾圧され、昭和十七年一月二十二日解散させられ、機関誌「社会的基督教」も廃刊となった。

それから三年八カ月、完全に沈黙させられた仲間のうちには鉄窓に呻吟させられた人もいたから、次第に勢力を消耗し、ほとんどの会員はそれぞれの教会に帰った。

さて終戦後、いち早く連盟の復興活動を展開したのは全国でわずかに関西支部だけであり、それも竹内が率いる阪神間のグループであった。

（一）社基復活準備会

終戦から二カ月半ほどしか経っていない昭和二十年十月二十八日（日曜）同志は竹内愛二宅に集まり社基復活準備会を開いた。そこに集まった人は竹内愛二、竹内信、中村遥、金田弘義、大下角一、野中虎雄、三浦清一、嶋田啓一郎、磯部、溝口靖夫の十名であった。前もって委任をうけていたものであろうが、きわめて重要なことを決めた。

1　名称を「社会基督教全国聯盟」と改めた。（注　社会的の的を除いた）

2　綱領に第四を次のように加えた。「軍国主義的思想の排除」と「各国民相互の共同による国際平和の維持増進」及び「世界連邦の実現」を加えた。

（二）再建懇談会と中央委員

社会基督教五号の「社基戦線」には中島重委員長存命中に選出した中央委員が記されている。

中央委員
委員長　竹内愛二
書記長　三浦靖一
常任委員　溝口靖夫
同　嶋田啓一郎
同　涌井安太郎
委員　大下角一、金田弘義、中村遥、野中虎雄、竹内信、中原賢次、岩井文男、佐藤健男、高橋乙治、駒井四郎、山田信士、鈴木浩二、浜田光雄、福永久素衛、榊原巌、志村卯三郎
（このなかで金田、中村、岩井の三氏は昭和五年頃までに実践活動に入った人達である。これによっても「同志社ミッション」の精神的結合力の強さが知られる。）

（三）開拓伝道の開始と活動のポイント

竹内愛二は昭和二十一年四月一日から灘生活協同組合の常務理事に就任すると文化部長も兼ね四月二十日には聖書研究会を発足させ「社会基督教会」の開拓伝道を開始した。最初は観音林クラブで始められた。九月一日には三浦牧師による第一回の礼拝がなされた。二十四年のクリスマスから反高林に移り「社会基督教反高林伝道所」と呼んだ。戦後の活動を「社会基督教」一号の溝口靖夫の文章から再度確認しておこう。

1 二十年十月二十八日（日）竹内宅で社基復活準備会を開く。
2 そこで名称を「社会基督教全国聯盟」と改める。
3 綱領に「軍国主義思想の排除」と「各国民相互の協同による国際平和の維持増進」及び「世界連邦の実現」を加えた。
4 十一月十八日神戸海員会館で第二回の準備会を開き直接伝道の開始を申合せる。
5 二十一年四月二十日（土）観音林クラブで相談会を開き、そのあと第一回研修会を開き嶋田啓一郎によって「協同組合と社基の関係」について早速講演がなされた。
6 五月十八日同所で溝口靖夫が「協同の哲学」について述べた。六月二十三日に金田氏が「キリスト教の愛について」講話された。
7 二十一年五月二十九日中島委員長が死去し六月三日、同志社で社基葬を行う。
8 九月一日観音林クラブにて第一回社基礼拝がもたれた。三浦清一氏が担当牧師になる。
9 二十四年クリスマスに観音林より反高林に移り、社会基督教反高林伝道所と呼ぶ。

10　二十五年四月二十八日関学ノルマン氏宅で社基学生部の運動を開始し研究会では嶋田氏が講演した。六月十日に第二回研究会は片山正直氏が講演した。

11　二十五年五月二十八日志賀大郎、反高林教会（又は観音林教会）にて受洗、その後社基学生部のリーダーとなる。

12　二十五年九月「社会基督教」第一号、第二号十一月、第三・四号合併号十二月、第五号二十六年一月を刊行した。

13　二十六年一月六日、大阪府島本町の水上隣保館で再建懇談会が開かれ話し合いがなされた。なお本誌五号において中央委員が公表されている。

四　「社会基督教」の復刊とその特質

このような経過をたどって昭和二十五年九月に機関誌「社会基督教」第一号が復刊された。二号は二十五年十月、三・四号十二月、五号二十六年一月と一挙に刊行された。まず最初に竹内愛二委員長の「巻頭言」の一部を示してみよう。

「我らは神が万物の創造主であること、世界は神の意志によりて支配される秩序であること。その神の国としての完成は神の恩愛によりて可能なることを基督者として告白するものである。併し同時に、我々が特に我らの運動の特徴として力説・高調せんとする處は、地上に神の恩愛による神の国を実現する具体的な方法は人間の行い、特にその愛と協同との実践以外にあり得ないという事である。我々は研ぎすましたナイフのような鋭い思想と言葉とで、神学上の論争を繰返していることは、現実からの逃避そのものに終る外ないことを幾多の苦い経験によって知った。（中略）ただ、若し現代の社会に基督になろうて、愛と協同とを実践するために組織された基督教徒の一団また一団が、教会のまわりに生まれ出るほかにはないのである。

さらば今後の伝道と宗教教育も『実践により福音を宣べ伝える』以外のものではないとの確信を以って、我らは再出発するものである。」（以下略）

すなわち神の国を実現する具体的方法は愛と協同との実践以外にあり得ないと述べている。以下「社基」の内容を具体的に見てみよう。

（一）執筆者と回数

この機関誌「社会基督教」は一巻一号、二号、三・四号合併と五号と合計四冊からなっている。

執筆者の回数は次の通りである。

竹内愛二（三回）、溝口靖夫（三回）、三浦清一（二回と二回の計四回）、H・ノルマン他、佐藤健男、志賀大郎、岩間松太郎、大下角一、嶋田啓一郎、榊原巌、今田幾代、永谷晴子、賀川梅子、野村かつ子、岩井文男、ニュートン、B・J・バンバーガー、稲家弁治が各一回寄稿している。これはかつての同志が竹内愛二と溝口靖夫牧師および三浦清一牧師を中核に結合したものでる。

新しいメンバーとして志賀大郎（関学学生）今井鎮雄（関学大学院　神戸YMCAなど）およびH・ノーマン、ニュートン、B・J・バンバーガーなど外国人、さらに今田幾代、水谷晴子、賀川梅子などの女性の参加が活動力の強化をもたらしている。

(二) 編集スタイル

編集のスタイルは前身の「社会的基督教」を踏襲しており、巻頭言、説教、主張、論説、社基戦線、世界社基ニュース、文芸、随想などからなっている。その中でも文芸・随想などは社会的基督教でも後期になってから始まったものであるが、それを引き継いでいる。

(三) 論説の内容

一巻一号(昭和二十五年九月)

1　社会基督教運動の展開(溝口靖夫)

2　基督教の基礎(H・ノルマン)

一巻二号(昭和二十五年十一月)

1　基督教倫理と平和問題(嶋田啓一郎)

2　朝鮮事変と世界秩序——WCCの態度について(榊原巌)

一巻三・四号(昭和二十五年十二月)

1　民主化実践の基地(今田幾代)

2　女性と民主主義の実践(永谷晴子)

3　女子大学生と民主主義(賀川梅子)

一巻五号（昭和二十六年一月）

1　「社会基督教」の「社会」について（稲家弁治）

これらの論説・主張は三種に分類される。まず第一は「社会基督教」の歴史と理論的基礎づけに関連するもので一巻一号の溝口靖夫のものとH・ノルマンのもの、一巻五号の稲家弁治の三編である。溝口論文は「社会的基督教」から「社会基督教」に至る歩みを克明に追ったものであり、ノルマンのものは「社会基督教」を論理的に基礎づけている。また、第三の稲家論説も「社会基督教」の基礎づけについて書いている。

第二のテーマとして一巻二号の嶋田論文と榊原巌の論文はともに丁度一九五〇年に突発した朝鮮戦争について論じている。まことに時局にかなった論稿である。「社基運動」の持つ社会性の鋭さ、世界平和を願う気持ちの強さを示している。

第三は特集のように編集されている。一巻三・四号の三つの論稿は今田幾代、永谷晴子、賀川梅子という三人の女性による民主主義論であり、これは「社会基督教」のもつ先進性であり竹内愛二の実践性といえよう。

（四）この活動の特質

筆者はこの活動にはいくつかの特質があると考えている。

1　先の「社会的基督教聯盟」の出発点となったのも昭和六年「ＳＣＭ」の夏季学校に参加して感銘を受けた関西から参加した学生以外の人達が神戸の雲内教会に集まって自分達も独自の運動を始めようと申し合わせ、これを中島に報告し再起を促したところから、この「聯盟」が結成され活動が始まったのであるが、戦後も昭和二十年十月二十八日に関西支部の人達が竹内宅に集まって準備会を開いたのが始まりであった。この点をよく考えると、この信仰運動初発のエンジン部分となったのは昭和六年の場合も昭和二十年の場合にもともに竹内愛二ら阪神間の人達であったように推察される。

2　戦後の場合は活動拠点が神戸市東灘区の教会となっている。戦前・戦中の場合は教会を重視はしたが、特定の教会を活動の拠点とはしなかった。ところが昭和二十年以降の活動は教会を拠点としているところに特異な点が見られる。また教会単位で直接伝道を始めている。その点から判断すると戦後の活動がより積極的であると思える。

3　第三はこの観音林教会・反高林教会は阪神間の消費者組合関係者の信仰的源泉を築く意図を以て創始されたものであると記されている。ここには賀川豊彦と竹内愛二の働きが統合されている。ここでも賀川豊彦の生協運動と中島の信仰運動が複合している。

4　この教会には関西学院の教員や学生および関係者が多数活発に参加している。たとえばH・ノルマン、L・D・ニュートン、R・J・バンバーガー、など関学の外国人教員が参加している。また、今田恵関西学院院長、同幾代夫人、片山正直文学部教授、賀川豊彦の娘賀川梅子は関西学院大学神学科の学生、関西学院大学の学生の志賀大郎などがいる。

5　「全国社会基督教聯盟学生部」というのが結成され活動している。それは関西学院、神戸女学院、神戸商業大学生などから成っているがそのリーダーは関西学院の志賀大郎である。このような支援者に恵まれてこの聯盟は運動を展開した。

五　社会基督教反高林伝道所から東神戸教会へ

（一）灘生協文化部の活動

昭和二十一年九月頃観音林クラブにおいて、灘購買組合文化部の聖書研究会が始まった。これは竹内が同志社教授を辞職し、同年四月から灘生活協同組合の常任理事となり文化部長を務めたころから始めた開拓伝道であった。その頃、今井鎮雄も中国から復員して来たが組合の理事であった嶋田啓一郎に勧められて生協で働くようになった。

今井静雄によると当時文化部の仕事は三つあったという。まず一つは組合従業員の教育である。それは戦前から社会的基督教のメンバーであり、賀川豊彦に委託された少女達のための養護施設「愛燐館」（兵庫区平野）の施設長をしていた三浦清一牧師に「生協を担うものの役割」を週二回各支部を回り、全従業員を集めて生協の意味とそれが生まれてくる精神を伝えてもらった。第二は組合員の啓蒙運動として、戦後の食糧不足の中でも、なおかつ共に生きるための方法としての組合のあり方を説明し、家庭会を通してボランティアの運動を展開すること、第三は、文化的な諸活動を展開するために「阪神文化協会」を設立しコーラスグループからこども会や講演会にいたるまで幅広い活動をおこなった。

それと合わせて「社会基督教の研究会」を立ち上げることであった。

（二）社会基督教の開拓伝道

この研究会は竹内愛二が「社会基督教」の精神の復活を願う開拓伝道であり、竹内が音頭をとり、三浦清一や今井鎮雄が手伝いながら「観音林クラブ」を会場として続けられたが、かつての同志を集めるとともに、広く組合員にも門戸を開いた研究会として会を重ねた。この頃の竹内愛二は社基再建の執念にとりつかれた魔神であると見られていた。昭和二十四年になると観音林クラブが使用できなくなったので、住吉町反高林の楢崎猪敏氏宅にて礼拝を継続したが、二十五年に入ると会堂建設のため委員会を作り、「社会基督教会反高林伝道所」と称した。さらに二十六年には御影町城之前今井鎮雄宅の隣に近江屋清兵衛名義で礼拝堂が完成した。初めての自前の会堂であった。

二十八年五月には御影町西平野に建築中の会堂が完成し、十月には日本基督教団東神戸教会として登録された。こうして竹内の夢は実現した。それは「社会基督教」と「生活協同組合」の融合であり竹内の理想の実現であった。

竹内は敗戦直後の昭和二十年九月から「社会基督教」の再建と「生活協同組合」の文化活動に全力を傾注した結果、暫して教会堂が完成し、文化活動も軌道に乗ったわけである。

（三）その後の展開

これらの運動はすべて竹内の主導で進められたが、いろいろと行き違いもうまれた。

今井鎮雄によると「ある時、竹内先生、あなたの言っていることは正しいと思いますが、あなたの機関車は速すぎて、もうすこしゆっくりとはしって下さらないと、一般の人々はついていけませんと言ったことがあります。すると、間違っていないなら、なぜついてこないと言われるのです。違いとはこんなことでした。その結果、竹内先生は皆がついてこないなら、自分が新しい教会を創ると言われて、最後はお別れしなければなりませんでした」（「東神戸教会五十年の歩み」三十八頁）。

また三浦清一牧師とは戦前からの同志であったが、三浦牧師は聖公会の牧師であったから、教会の式典も聖公会方式でとり行ったので、竹内愛二との間に意見が対立することもあったという（「東神戸教会五十年の歩み」三十八頁）。

「社会基督教聯盟」の再建運動は二十五年には機関誌の復刊にまで成功したが、戦後の全く新しい時代が開けていったこと、戦前・戦中のことはすべて悪かったとの批判が強まったこと、前の運動の担い手が同志社関連の人達であったのに、戦後の再建運動の主たる担い手が、関西学院関係者に変わり、竹内自身が昭和二十四年四月には関西学院大学文学部の専任講師となり、二十七年四月には「社会事業学科」を創設し主任教授となられたことなどもあって、社会基督教聯盟の再建運動はそれ以上に展開することはなかった。

六　西宮基督教センター教会の開拓伝道とその完成

（一）西宮門戸地区の開拓伝道の開始

竹内はかねて自らの居住地岡田山を含む門戸地区にキリスト教会が存在していないのでそこに教会を創設したいと念願していたから、社基の同志で神戸女学院教授の溝口靖夫と話合って伝道所をつくる計画を立てた。昭和三十五年九月十日の夕べ竹内愛二宅で打ち合わせ会を開き、十一日に第一回の礼拝が行われた。場所は甲風園三丁目の灘生活協同組合　西宮北口支部階上ホールであった。

参加者は関西学院大学教授竹内愛二、西宮愛燐館長小林源二、神戸女学院大学溝口靖夫牧師であったが、この三者が協力して開拓伝道を始めることになった。

第一回は溝口牧師が礼拝説教を行った。

十月二十三日礼拝後に宝塚の溝口宅で相談会を持ち、次の件を決定した。

一、名称　門戸基督教センター伝道所
二、集会所　灘生活協同組合西宮北口支部ホール
三、牧師　溝口靖夫神戸女学院大学教授
四、仮事務所　竹内愛二関西学院大学教授宅

十一月十四日伝道所開設届を兵庫教区に提出、十二月二十七日に日本基督教団より同意を得て正式に出発した。最初のクリスマス礼拝十二月二十五日に七名の洗礼式を行った。幸先の良い船出であった。

昭和三六年四月二日のイースター礼拝を機に、伝道所は西宮市下大市西町五〇の善積英一氏の持家に移転した。ここで責任役員五名を決めた。

代表役員は溝口靖夫牧師、責任役員は竹内愛二、平山政市、小倉源二、太田義弘の四名。

（二）門戸基督教センター教会の成立

昭和三八年には五十九坪の土地を買い会堂建設は分割して進められたが、十五年後の昭和五十年一月二十六日に会

堂増築竣工感謝礼拝が行われており、又五十一年四月二十五日には愛娘竹内のぞみ牧師が説教している。竹内愛二の夢は見事に実現したのである。

（三）二人の同志と「社会基督教」

このようにして竹内は地元の門戸にゼロから出発してキリスト教の伝道所をつくり、教会を建て、娘を牧師に育て司式をさせた。竹内はキリスト教の求道者として生涯を貫いたのである。そしてそのベストの協力者は「社会的基督教」以来の同志溝口靖夫牧師であった。二人は時に意見の対立することもあったが、何分にも「社基」の同志であったから不思議なほど何事もなかったかのようにして協力した。まことに真の友であった。そしてキリスト教会名にセンターが入っているところからも察せられるように「キリスト教は人の為地域のために奉仕するものだ」という「社会的基督教」すなわち「中島重の精神」のままに生き抜いた人生であった。

溝口靖夫牧師が死去されたのは昭和五十三年四月十四日であるが、その後この教会の礼拝を司式されたのは関西学院の宗教総主事を勤めていた小林昭雄牧師であった。小林さんは溝口先生の奥様に頼まれて教会の司式を一・二年なさったそうである。竹内先生も五十五年四月二十五日に死去されたが、教会での竹内先生の葬儀の司式も小林牧師がなさったそうである。まことに恵まれた司式者であった。

七　コミュニティ・デベロップメント

（一）竹内理論とコミュニティ・デベロップメント

竹内の社会福祉の理論は「ケースワーク」と「グループワーク」が中心で、後に「コミュニティ・オーガニゼーション」が加わり、竹内理論の三点セットと言われた。ところが何事にもチャレンジ精神旺盛な竹内は近年さかんに論議されるようになった、住民の自主的な活動によって進められているコミュニティ・ディベロップメントにも強い関心を示し、地域開発に関与するようになった。竹内は自らの著書においてこれまでのコミュニティ・オーガニゼーションとコミュニティ・デベロップメントを比較検討した結果、次のように述べている。「両者は種々共通の要素を持ち、しかも本質的な点において全く同じものである」という。さらにそれにつづけて「コミュニティ・オーガニゼーションにおいては住民参加の域にとどまっていたものがデベロップメントにおいては自己開発というものを重視するようになった」と述べている（竹内愛二『実践福祉社会学』一二九頁から一三四頁）。

（二）竹内愛二・高森敬久『コミュニティ・デベロップメント』

昭和四五年になると高森敬久と共著で『コミュニティ・デベロップメント』を出版した。これは竹内の弟子の高森敬久・小田憲三・太田義弘・萩野源吾による論文集であるが、竹内は第一章「コミュニティ・デベロップメントとは何か」、八章「共同社会開発としてのボランテイア活動」（理論的考察）、九章「共同社会開発としてのボランティア活動」（実践記録から）、十二章「治療共同体としての病院とその地域社会」の四章のほか、二章、七章の共同執筆に参加している。

(三) 上ケ原文教地区の調査「地域社会開発の条理」

西宮市上ケ原地区は多数の学校が集中する地区であるが、昭和三十二年七月に日本で二番目の「文教地区」として指定された。

ここには関西学院大学・神戸女学院大学・聖和女子大学・関西学院高等部・市立甲陵中学・県立西宮高校・神戸女学院高等部・同中学部・関西学院中等部・上ケ原小学校・広田小学校・聖和大学付属幼稚園・関学教会付属幼稚園等があり、さらに周辺には八つの公立の高校・中学・小学校・幼稚園がある。

そこで地区住民の中の若干の有志が集まり、三十七年五月十二日「上ケ原文教地区友の会」を創ることになった。七月八日関西学院大学社会学部で結成式を催したが、その会長は今田恵、副会長は竹内愛二であった。したがってそのオーガナイザーは竹内であった。

具体的活動についてみると、三十八年五月二五日には「大学と地域社会」についてパネル討議が行われ竹内は座長を勤めている。次に同年十月三十日には「バス問題の解決を目指して」についてパネル討議がなされたがそこでも竹内が司会を勤めている。要するに竹内は自分の知人のネットワークをもとに助手や学生を駆使して、コミュニティ・デベロップメントを実践し、更にこの地区の社会調査を実施している。自ら居住する地区におけるコミュニティ・デベロップメントの実践であった。

八　共同募金・社会福祉協議会への貢献

竹内にとって敗戦は耐え難い屈辱と悲惨な生活の始まりであったが、反面、占領したのはアメリカ軍であったから、七年間という長期間の留学で身につけた英語が思いがけず大きな効用をもたらすことになった。竹内はこの幸運をうまくつかんで活用した。

（一）共同募金

アメリカの占領軍は日本の地域社会を抜本的に近代化しようと考えたが、その方式は当然アメリカ方式であった。たまたま竹内はアメリカの地域福祉の方式・社会事業を専門に学習し修士号を得ていたから、アメリカ方式を熟知していた。帰国するとすぐに兵庫県の社会事業協会に参加して活動していたから兵庫県の福祉の世界ではよく知られていた。

そこですぐにアメリカ軍から協力を要請された。竹内の長女谷本めぐみ氏によると、竹内は当時、ＧＨＱにきわめて頻繁に通っていたそうである。竹内は占領軍のアイディアを専門的な知識をもって通訳し、まず共同募金や福祉施策の原則の具体化について基本的なところで参画したわけである。まことに竹内の面目躍如たるものがある。

アメリカの占領軍は日本の地域福祉を改善しようと企図し、まずその基金を獲得するためアメリカのコミュニティ・チェストに似た制度を日本で創りたいと考えた。これが共同募金であった。

占領軍の指令に従って昭和二十八年八月六日、共同募金中央委員会が発足し、十一月二十五日から十二月二十五日までの一カ月間、全国一斉に運動を展開することとなった。

竹内は長年同志社大学で社会事業を教えてきたが二十一年三月末にこれを辞職した。そして二十三年四月から関西学院大学文学部の嘱託講師となり、二十四年四月には専任講師となった。さらに驚くべきことには二十七年四月には社会事業学科を創設し、主任教授となった。先に述べたように共同募金の具体化に参画し、そのあとは兵庫県の社会事業協会と社会福祉協議会の理事を長年にわたって勤めていたから共同募金の集め方、およびその分配のしかたについて精通していた竹内は「社会事業学科」を創るのに必要な経費を共同募金の基金委員会に申請し三〇万が給付された。こうして竹内は三十万の持参金をもって関西学院大学文学部に「社会事業学科」を創ったのである。(『兵庫県共同募金の歩み』五二頁)まことに竹内にしてのみ可能な驚嘆すべき実践である。

この昭和二十七年は筆者が社会学科の二年生の時であった。その時社会学科の学生は自由に社会事業学科に転科することが許されていた。ところが筆者の友人で学校の寮に居た学生が「今度出来る社会事業学科は今日の深刻化した社会問題の解決に挑む画期的な学科である。自分は社会学科から転科することを決意したと熱ぽく語った。」これを聞いた著者は深い感銘を覚えた。遠い昔の羨望と悔恨のような思いを今も覚えている。その友人は社会事業の領域で相応の業績をあげたと聞いた。

(二) 社会福祉協議会

次に社会福祉協議会への貢献についてみてみよう。

兵庫県の社協の『地域福祉の歩み』によると、社会福祉協議会の結成を目指して最初に動き出したのは「社会事業協会」であったが、竹内はこの組織とは深くかかわって来たから、社協の結成にはきわめて大きな役割を果たしている。

その委員会の中で竹内は次のような発言をしている「社協は単なる同業者の組合として結合するものではなく、コミュニティ・オーガナイゼーション理論を踏まえたものでなければならない」（兵庫県社会福祉協議会『地域福祉の歩み』昭和五十七年二〇頁」）と専門家としての識見を適切に述べている。

アメリカの大学で社会事業を専攻した専門家がほとんど居ない当時の社協において竹内は貴重な存在であった。そこで竹内は二六年三月の設立時から二七年十月、二十九年十月、三十一年十月、三十九年十月まで一貫して社会福祉協議会の理事という要職にあった。

このような兵庫県における社会福祉の領域におけるきわめて顕著な功績があったから、兵庫県知事表彰（共同募金育成功労）、同（社会福祉）、兵庫県文化賞（社会福祉事業確立功労）など多数の表彰をいただいている。そして昭和四五年十一月には勲三等瑞宝章を受けた。これも兵庫県（社会福祉）からの推薦によるものであったろう。

九　キリスト教社会福祉学会の創設

『キリスト教社会福祉学会五十年史』によると竹内は学会の創設にも積極的で決定的役割を果たしている。創設の準備委員会の作業は関西学院大学文学部社会事業学科の教員や助手が総力をあげて担当、実施したがその中心は言うまでもなく竹内愛二であった。

キリスト教社会福祉学会が創立されたのは昭和三十五年であったが、この年は関西学院大学に社会学部が開設された年であり、同時に社会事業学科が消滅した時であるが竹内はこの年にキリスト教社会福祉学会長に選ばれた。竹内の心中の喜びや如何に、察するに余りあるものがある。

竹内は会長を十二年間勤めて辞任した後にも名誉会長に推された。

十　関西学院大学への転進

（一）同志社にて講義

竹内は昭和五年にアメリカ留学から帰国して以来、十四年三月末まで神戸女子神学校の専任と同志社神学科の非常勤講師を務めたが、昭和十四年四月一日から二十年四月三十日まで同志社大学法文学部の専任講師となった。ところが二十年五月一日にはさらに同志社大学法文学部の教授に栄進した。竹内の長年の願望が遂に実現したのである。心中我が事なれりの感慨にひたったことであろう。

（二）灘生協常務理事へ

ところが好事魔多しのことわざ通り、竹内は突然その教授職を二十一年三月末に辞職したのである。竹内も十七年後に中島重の轍を踏んだのであろうか。竹内はアメリカで会って以来親しいかかわりを持っていた賀川豊彦の助けによったのか二十一年四月一日から灘生活協同組合の常務理事となり二年間、二十三年三月三十一日まで務めた。竹内らしい強靭な生きざまに驚かされる。

（三）関西学院への転進

そして二十三年三月に生協役員を辞して関西学院大学文学部の嘱託講師となり、二十四年四月には専任講師となった。手引きをしたのは今田恵教授であった。さらに驚嘆おくあたわざることには昭和二十七年四月に文学部に社会事業学科を創設し主任教授となったのである。まことに華麗なる転進であり再生であった。

そのあと三十一年四月には大学院の指導教授となり、社会学科の大学院で指導された。筆者は竹内教授の講義を受講しなかったので竹内教授に直接指導を受けなかったが、昭和三十二年三月、修士論文を提出した。それは「タルコット・パーソンズのシステム論の研究」であった。私の論文の審査委員は主査大道安次郎、副査竹内愛二、副査ヒルバーンの三人で構成されていた。指導教授の大道先生は「君の論文を外の先生がほめているぞ」とだけ言われた。あとで漏れ聞いたうわさによると竹内教授が「筆者の論文がよい」と声高に宣伝されたそうである。多分このことも幸いして筆者は三十三年四月社会学科の専任助手に任命された。そしてそれが筆者の運命を決めた。二年後の三十五年には社会学部が出来、専任講師になれたからである。

（四）社会学部教授（社会事業学科消滅）

そんなわけで三十五年になると社会学科と社会事業学科を基礎にマスコミ、産業を加えて社会学部が出来たので、竹内愛二も社会学部教授となったのである。ところがその社会学部は社会学科の一学科制をとり、その下に理論社会学・社会福祉・マスコミ・産業社会学の四つのコースが設けられた。その結果、竹内が心血を注いで創った社会事業学科は消えたのである。時代の趨勢もあり、超スピードで作られたためであろうが、社会学科の圧倒的パワーのなかで社会事業学科はコースとなった。

苦労して創った社会事業学科をわずか七年で消滅させられたことについては竹内にとって無念やるかたないことであったに違いない。

ところが社会福祉の重要性がたかまったのは竹内が定年退職した年から約二、三十年程経ってからであった。そこで平成十一年には社会学部に社会福祉学科が出来、元のように二学科となり、さらに、平成二〇年には社会学部から独立して「人間福祉学部」が設立されたのである。竹内は二、三十年先を見据えていたのである。今、泉下の竹内の慶びはいかばかりであろうか。

最後に、竹内は何故、母校の同志社から関西学院に新しく活躍の場を求めたのかについて筆者なりに推察してみよう。

竹内にとって同志社は父親の代から、また自分にとっても長年教えてきた最も大事な母校である。しかも昭和二十年には教授としておしえていたから余程のことがなければそこを辞することはない筈である。その理由を推察してみよう。

竹内の社会事業はアメリカ仕込みのケースワークとグループワークでこれにコミュニティ・オーガニゼーションの三点セットと呼ばれた。これに対して同志社法文学部ではそれは技術論にすぎないと過小評価し、社会問題解決のためには国家の社会経済的体制の変革を遂行しなければならないとの左翼的な主張が大勢を占めていた。竹内は一年間勤める間にこれらの教員と議論を重ねてみたが、その不毛さを骨身にしみてさとったのである。竹内は社会事業は国家の社会経済体制の変革など大言壮語に時間を潰すことではなく、足下に居る困難におちいった一人一人を具体的な技術によって助けることだと確信していた。このことは先に述べた「社会基督教」第一号の巻頭言において竹内愛二が明確に述べている通りである。そこで自分は他の場所に活躍のフィールドを切り開こうと昭和二十一年の段階で決断されたものと推察している。そこで当面の生活の場を賀川豊彦に相談して灘生活協同組合に勤め、そこで社会基督教の開拓伝道を始めた上で、二十三年には関西学院大学文学部の嘱託講師になり、二十四年には専任講師、二十七年には社会事業学科を創設し、主任教授となった。幸いなことに関学の側で手引きをしてくれたのは今田恵教授であった。今田は昭和七年頃から中島・竹内グループが始めた「社会的基督教」の宗教運動を一貫して支援してくれた教員であったが、昭和九年からは中島重と法文学部の同僚となった。

竹内愛二は自らの信念を寸分もまげることなく貫き通した、まことに見事な転進であったといえよう。

これは中島重が示したように転身というよりも同志社のコングリゲーションの理念と関西学院のメソジズムの理念の融合であると言うべきかもしれない。

十一　社会学博士号を手に大鳥にのって帰天

竹内愛二は昭和三十五年二月関西学院大学文学部から文学博士（『専門社会事業研究』）の学位を得ているが、アメリカの社会的福音運動における社会学の重要さ、さらにシカゴ学派にも影響を受けていたから社会事業も応用社会学と考えていた。そこで社会学の学位をも取得したいとの強い願望をもっていた。そのような思いで学位請求論文『実践福祉社会学』を提出した。早速、杉原方教授を中心に審査委員が選定され審査が始まった。

ところがそのあと竹内は体調を崩した。何分にも八十五歳の高齢である。次第に容態は悪化していった。たまたまそのとき筆者は社会学部長で大学院の委員長も兼ねていた。

事態は切迫していると判断した筆者は杉原審査委員長に事情を話して、審査を促進してくれるように頼んだ。しばらくして審査が終わったとの知らせを受けたので、急いで竹内先生の社会学の学位記を受け取り、岡田山の先生の病床に駆け付けた。病床の先生は予想したより元気そうに見えた。そこで「先生、社会学の博士号の学位記をお持ちしました」と言いますと先生は嬉しそうな笑顔を見せ、病床のまま、「どれ」と言って「学位紀」を広げて黙読すると「これでよし」と力強くおっしゃった。それはまさしく知的探究者が窮極的真理を会得した時に見せる最高の満足感のように思えた。

私は病状を気にして、すぐに辞去したが、それから三十分後には意識混濁に陥り、二日程で逝去された。筆者の妻のいとこにあたる竹内令夫人によると、先生の最後は大鳥が飛びたつような不思議な雰囲気がかもしだされたという。

こうして私は社会福祉の偉大な求道者竹内愛二先生の終焉に立ち会ったのである。

むすび

竹内愛二の全体をたどってみて、竹内にはいくつかの特質があるように思う。それは、

1　人々を助け神の国をこの世に実現するため、贖罪愛をもって実践するとの「社会的基督教」の理念を堅持した。

2　その理念によって人生を計画し、実現してやまぬ確固たる意志の持ち主であった。

3　理論の記述・展開についてすぐれた能力の外に、竹内は人を結びつけて知恵を引き出し、物財を創り出して駆使展開する稀有な能力を兼ね備えていた。

4　多くの人々と協同して事業を展開する際に時として意見が対立することもあったが、自分の理念に反する場合、安易に妥協するようなことはせず、どんなに苦しくとも、袂を分かって独自の道を貫いた。

波乱に富んだ人生ではあったが、竹内にとっては幸せであったことは社会的キリスト教の理念と、竹内の大学における専攻が完全に合致していたことであった。

社会基督教徒として贖罪愛をもって地上に「神の国」の礎石を築く営みである「社会基督教反高林伝道所から東神戸教会」と「西宮基督教センター教会」の建設および実践と、竹内が大学において担当した社会事業・地域福祉・コミュニティ・デベロップメントの実践は幸いなことに完全に合致していたのである。神聖なる営みと世俗の営みが合致していたのである。

竹内愛二の生涯はまことに社会キリスト教の真理をあますところなく述べ伝えるための生涯であり、活気に満ちた勇者の生涯であった。

後記

この章を終えるに当って筆者が何よりの慶びとするところのものは、中島重先生が三百人の同志の中から、筆者が敬愛する竹内愛二先生を最も信頼に足る人物として後継者に選ばれた事実を知ったことである。

竹内先生もまたこれに答えるべく、死力をつくして奮闘し遂に「社会基督教」（一号～五号）を復刊された。これは敗戦後再建のための苦難の時代に開いた見事な純白の信仰の花であった。

あとがき

本書をまとめるに当たって二つの困難な問題に逢着した。一つはキリスト教の教理に関することであり、他は法理学の問題であった。

最初、これら二つの問題の内容にはあまり立ち入らないで纏めてみようと考えたが、それでは精魂を欠くものになると思われるので、最小限の範囲で立ち入る結果となった。

第一のキリスト教については、㈠社会的基督教の綱領などの教理、㈡中島重が海老名弾正から引き継いだ自由神学、㈢賀川豊彦から学んだ贖罪愛による社会的実践、㈣アメリカの社会的福音運動の影響、㈤バルト神学との論争、㈥伝統的福音主義の神学者山谷省吾と中島重の論争を取り上げ中島重の社会的基督教を明らかにしたつもりである。

その営みを通して、筆者も社会的基督教徒の、殊に中島重教授の真摯な人間愛には強く惹かれるものがあった。それはアメリカの社会的福音運動が社会科学殊に社会学を最高の学問と重視したことに大いに力ずけられたからであろう。

第二次大戦後、日本における社会的基督教の運動は活発であるとは言えないが、しかし筆者にとって「社会的基督教」がめざす方向は日本のキリスト教が活性化し得る方向を暗示しているのように思えてならないのである。中島重教授の主張はやがて強力な予言となって、いつの日にか蘇ってくるに違いないと思っている。

次に第二の問題は法理学者の国家論の問題であった。筆者にとって法理学は門外漢であるが、幸い多元的国家論についてはまずスペンサーの機能主義についての学習をしていた経験が大いに役立った。さらにマッキーバーついてはマッキーバーにマンツーマンで教えを受けた大道安次郎先生が熱意を込めて指導してくれたアソシエーションとコミュニテイに助けられてなんとか理解することが出来たと思っている。ところが昭和十六年の中島重『国家原論』は愛弟子田畑忍教授でさえ、国家を自由な個人が結びついた職能団体であるとしたことを忘れ、それと対極にある全体主義、独裁主義的国家論と対決する力を失ったものに変質した述べている。また長岡教授も中島教授は『日本憲法論』に見られた自由主義、民主主義の称揚が晩年には全体主義、民族主義・独裁主義に道を譲ったとみなしている。

しかし中島教授が遂行した試みは全体主義者になることではなく、全体主義的政治行動をも分析し得る理論的枠組を創ることであった。それによって自由主義国家と全体主義国家を共に分析しようと試みたのである。

ドイツもイタリアも日本もようやく十九世紀後半になって統一国家となった為、イギリス・アメリカなどの強大な先進国に対決するためやむなく、全体主義的体制をとったのであるが、これは一時的な現象に過ぎないと中島教授はむしろ楽観している。

このような訳で筆者は晩年に中島教授が全体主義、独裁主義の肯定者になったとの見方には与することは出来ない。

本書をまとめるに当たって最初にお世話になったのは当時関西学院大学の学長を務めていた井上琢智氏と奥野卓司図書館長である。筆者は中島教授の信仰団体の機関誌「社会的基督教」を中心に研究したいと考えて図書館で探したところ、その雑誌のシリーズは約半分が欠落していることがわかった。そのことを図書館長もされたこともある井上学長に相談した処その雑誌は整備保管する必要があると判断され、奥野図書館長と相談されて欠落部分を直ぐにコピーして完全なシリーズにして下さった。そんな訳で筆者の中島重研究はこのお二方の助けによって出来たものであることを深く感謝したい。

次に大変お世話になったのは山内一郎氏である。筆者は賀川豊彦について神戸新川のスラムにおける活躍ぐらいしか知らなかったので一般教養としても、もう少し賀川豊彦について知っておきたいと思い山内氏に賀川豊彦の重要な著作について紹介してくださるように頼んでいたところ、この数年、次々と賀川豊彦の重要な文献を集めて貸して下さった。それらに目を通すことによって、賀川豊彦が労働運動、政治運動、共同組合の組織化を始め様々な分野の福祉活動をなさっていたことが知ることができたのである。さらに賀川豊彦と中島重が神学に於いても実践においてもほとんど同じものであること、おどろくべきことには中島重を関西学院に推薦したのは賀川豊彦である事実を知り人の御縁の不思議さをしみじみと考えさせられた。山内氏に深く感謝したい。

三番目は柳井繁彌氏である。柳井繁彌氏は中島教授の実家である柳井家の現在の当主であるが、私が中島重の研究を始める事を話すと中島重教授の旧第六高等学校時代の親友内田百間の書物など今ではなかなか入手困難と思われる資料を戴いた。おかげで中島重の最も深いところの人間性に触れることが出来た。柳井繁彌氏の御好意に深く感謝している。

四番目に中島先生の三女太田良子（九十歳）さんが書いてくださったものを要約しよう。

家の玄関脇に「社会的基督教本部」の看板が立てられたら、度々、特高警察が訪ねて来て奥様にいろいろ質問したり、時に先生の蔵書を調べたりするので先生のことを案じて、看板は屋内に取り入れたとのこと。

終戦後、先生に博士号が交付され、同志社から奥村先生が使者として来訪し、先生に同志社の総長になって下さいと要請したら、先生は「私はアドミニストレーションには向かない人間ですよ」と答えていたとのこと。

長姉の中西珠子さんは津田塾を卒業し、ＩＬＯの東京支部局に勤め局次長で定年のあと津田塾の理事長を務めていた時、要請を受け参議院に立候補して当選し、二期十二年間務めた。そのあとハビタット（国連人間居住センター）に関与し、ハビタット世界会議で活躍し、国連ハビタット賞を受賞した。

先生も「珠子が男だったらな」ともらしたという。

太田良子さんに中島先生の御写真をお借りした。心から感謝したい。

八章で竹内愛二先生について書くために長女の谷本めぐみ氏にいろいろな話を聞き資料を貸していただいたことに心から感謝している。また助手を務めていた太田義弘氏が門戸教会の設立と運営について竹内先生の右腕になっておおいに献身されたことを知り敬服している次第である。また溝口靖夫牧師が死去されたあと、数年間小林昭雄牧師が門戸教会の牧師として奉仕された事実に敬意を表したい。

原稿のワープロ打ちについては長男の倉田安和とその娘倉田有紗にお世話になった。

平成二十七年 初夏

宝塚市清荒神にて

倉田和四生

著者略歴

倉田 和四生（くらた・わしお）

学歴 昭和 32 年 3 月 関西学院大学大学院修士
昭和 40 年 8 月 マサチューセッツ大学（2 カ年）
昭和 46 年 2 月 文学博士（関西学院大学）
職歴 昭和 46 年 10 月 関西学院大学社会学部教授
昭和 51 年 4 月 同上 学部長
昭和 58 年 10 月から平成元年 3 月 関西学院院長代理
平成 9 年 3 月 同上定年退職 名誉教授
平成 9 年 4 月 吉備国際大学社会学部教授
平成 11 年 4 月 同上 学部長
平成 14 年 4 月 同大学 副学長
平成 16 年 4 月 順正短期大学学長
平成 18 年 4 月 吉備国際大学大学院教授
平成 20 年 3 月 同上定年退職
主著 昭和 45 年 『都市化の社会学』法律文化社
昭和 59 年 翻訳 T・パーソンズ『社会システムの構造と変化』創文社
昭和 60 年 『都市コミュニティ論』法律文化社
平成 9 年 『北米都市におけるエスエック・マイノリティ』ミネルヴァ書房
平成 11 年 『防災福祉コミュニティ』同上
平成 17 年 『留岡幸助と備中高梁』吉備人出版
平成 18 年 『福西志計子と順正女学校』同上
平成 21 年 『山田方谷の陽明学と教育理念の展開』明徳出版社
平成 27 年 『山田方谷の陽明学と教育実践』大学教育出版

中島重と社会的基督教
暗い谷間を照らした一筋の光芒

2015 年 8 月 31 日初版第一刷発行

著 者 倉田和四生

発行者 田中きく代
発行所 関西学院大学出版会
所在地 〒 662-0891
兵庫県西宮市上ケ原一番町 1-155
電 話 0798-53-7002

印 刷 協和印刷株式会社

Printed in Japan by Kwansei Gakuin University Press
ISBN 978-4-86283-203-0